Omas Haushaltstipps

area

Omas Haushaltstipps

Autorin: Petra Knorr für NOVA Libra medien, Köln
Einbandgestaltung: Derek Gotzen für NOVA Libra medien, Köln
Layout & Satz: Derek Gotzen und Ulrike Jasser für NOVA Libra medien, Köln

Druck und Bindung: Reálszisztéma, Dabas

Gesamtherstellung: area verlag gmbh, Erftstadt

Printed in Hungary 2007

ISBN 978-3-89996-178-2

www.area-verlag.de

Inhalt

Einleitung ___ 4

Tipps für das Haus ___ 5

Das gehört in die Hausapotheke ___ 22

Tipps für die Küche ___ 41

Gewürze-ABC ___ 58

Tipps für Balkon & Terrasse ___ 84

Einleitung

Omas alte Haushaltstipps haben bis heute nichts von ihrer Gültigkeit verloren. Flecken wurden nicht mit der chemischen Keule, sondern mit Haushaltsalz oder Natron beseitigt. Schädlingen wurde mit Gips und Zucker der Garaus gemacht, und Wäsche duftete auch ohne Weichspüler frisch und zart, weil im Wäscheschrank Lavendelzweige deponiert oder dem Bügelwasser einige Tropfen Lavendelessenz zugefügt wurden. Alles war hautverträglich und umweltfreundlich. Im Laufe der Jahre wurden viele Tipps modifiziert und dem heutigen Gebrauch angepasst.
In diesem Buch haben wir für Sie die besten, erprobtesten und immer noch aktuellen Haushaltstipps aus Omas Zeit zusammengetragen. Sie werden sehen, die vielen kleinen Kniffe und Tricks werden Ihnen in Haus und Garten ein nützlicher Helfer sein.

Tipps für das Haus

A

Abfall

Abfall muss unbedingt getrennt werden. Das Vorsortieren beginnt in der Küche. Gleich Glas, Papier und Kunststoff in verschiedenen Tüten sammeln. Das erleichtert das Entsorgen.

Abfluss verstopft

Wenn das Wasser in Becken und Badewanne nicht mehr ablaufen will, ist wahrscheinlich der Siphon verstopft. Mit einer Saugglocke aus Gummi (im Fachhandel erhältlich) lässt sich der Schaden schnell beheben. Den Abflussstopfen in den Abfluss stecken, das Becken halb voll mit Wasser füllen. Jetzt den Stopfen entfernen, die Saugglocke aus Gummi über den Abfluss stülpen und mit kräftigen Pumpbewegungen so lange pumpen, bis alles Wasser im Abfluss verschwunden ist.

Abtrocknen von hohen, schlanken Gefäßen

Ein Geschirrtuch so weit wie möglich in das Gefäß stopfen und mit dem Stiel vom Kochlöffel das Tuch an alle Ränder führen.

Abwaschlappen

Abwaschlappen bekommen keinen unangenehmen Geruch, wenn man sie nach jedem Gebrauch mit warmem, klarem Wasser ausspült. Anschließend zum Trocknen locker aufhängen.

Aktentaschen

Aktentaschen aus Leder sehen wieder aus wie neu, wenn sie mit der weißen Seite der Apfelsinenschalen eingerieben werden. Anschließend mit farbloser Schuhcreme pflegen.

Alkoholgeruch

Die so genannte »Fahne« vertreibt man sicher, indem man nach dem Zähneputzen 3 El puren Zitronensaft schluckt.

Ameisen im Haus

Ameisen kommen nicht ins Haus, wenn man quer zu ihrer Laufstraße einen Kreidestrich zieht. Ist ein Nest im Haus, verteilt man um die Ansiedlung Backpulver. Die Ameisen fressen davon, füttern damit ihre Brut sowie die Königin und gehen danach ein. Denn Backpulver lässt ihren Panzer platzen.

Asseln

Asseln lieben feuchte Kellerräume. Um sie loszuwerden, legt man eine leere Flasche, in der sich ein süßlicher Alkohol (Likör, Wein, Weinbrand) befand, in den befallenen Raum. Die Asseln werden von dem Duft angelockt, krabbeln in die Flasche, wo sie betäubt liegen bleiben und so ganz einfach entsorgt werden können.

Aufkleber/Sticker

Aufkleber aus Kunststoff oder mit versiegelter Oberfläche lassen sich problemlos mit dem Föhn entfernen. Papieraufkleber wie Preisschilder lösen sich am besten in einer warmen Seifenlauge.

B

Babyflaschen und Schnuller

Nach dem Ausspülen Flasche und Schnuller 20 Minuten in kochendes Wasser, dem man 1 Messerspitze Sodapulver beigegeben hat, legen. So werden beide keimfrei.

Babyflaschen warm halten

Der erwärmte Inhalt von Babynahrung in Flaschen bleibt länger warm, wenn die Flasche in einige Schichten Alufolie gewickelt wird.

Babywäsche

Babywäsche immer mit einem neutralen Waschmittel waschen und gut ausspülen. Parfümzusätze können die empfindliche Babyhaut reizen.

Backblech

Damit das Backblech beim Belegen oder Teigausrollen nicht wegrutscht, legt man einige feuchte Lagen Küchenpapier darunter.

Bademantel/Badetuch für unterwegs

Nähen Sie aus einem strapazierfähigen Stoff eine Kissenhülle mit Handschlaufe. Dahinein kommt der Bademantel oder das Badetuch. So hat man ein weiches Kissen für die Reise, und die sperrigen Teile sind gut verpackt.

Badematten

Beim Kauf von Badematten darauf achten, dass die Rückseite mit einer Gummierung versehen ist. Fehlt diese, müssen eine Antirutschmatte oder Einmachringe aus Gummi unter der Matte befestigt werden.

Badeschwämme

Badeschwämme, Naturschwämme und Luffahandschuhe, die klebrig geworden sind, werden in warmes Wasser mit einigen Spritzern Spülmittel getaucht. Mehrfach ausdrücken und anschließend mit klarem Wasser ausspülen. Schwämme dürfen nicht gekocht werden.

Batterien

Batterien nicht über den Hausmüll entsorgen. Sie gehören in den Sondermüll. In vielen Super- und Drogeriemärkten gibt es Sammelbehälter für leere Batterien.

Besen I

Den Besen nach dem Kehren mehrmals leicht auf den Boden stauchen, damit auch die letzten Schmutzreste auf den Boden fallen.

Besen II

Besen sollten immer hängend oder auf der Stielspitze stehend aufbewahrt werden.

Betten

Ein Doppelbett ist einem französischen Bett vorzuziehen. Hat der Partner einen leichten Schlaf, stört ihn jede Bewegung des anderen.

Bettzeug

Federbetten und -kissen sollten beim Lüften niemals der prallen Sonne ausgesetzt werden. Die Bestrahlung macht die Federn brüchig und porös.

Besteck

Flecken oder angelaufene Stellen am Besteck reibt man mit Backpulver weg. Danach gründlich spülen.

Bienen I

Bunte Kleidung, Parfüms und Süßes locken Bienen an. Hat sich eine Biene auf der Haut niedergelassen, sollte man sie nur vorsichtig abschütteln. Auf keinen Fall hektisch nach dem Insekt schlagen.

Bienen II

Hat eine Biene gestochen, den Stachel schnell entfernen. Dabei darf der kleine Giftsack, der am Stachel hängt, nicht zerdrückt werden. Anschließend die Stelle mit einer aufgeschnittenen Zwiebel belegen.

Bienen III

Hat eine Biene in Mund, Zunge, Hals oder die Nase gestochen, sofort einen Arzt aufsuchen. Bis dahin Eiswürfel lutschen oder die Stelle kühlen.

Bierflecken auf Marmor

Einige Spritzer Zitronensaft auf den Fleck geben und einreiben.

Bilderrahmen, vergoldete

Eine rohe Kartoffel anschneiden und stückweise den Rahmen reinigen. Ist die Schnittstelle der Kartoffel schmutzig, neu anschneiden.

Bildschirme

Fernseh- und Computerbildschirme nie reinigen, wenn die Geräte in Betrieb sind. Im abgeschalteten Zustand mit einem feuchten Fensterleder abreiben und mit einem trockenen, fusselfreien Tuch nachpolieren.

Blumenvasen

Hat sich in Blumenvasen aus Glas ein hässlicher Bodenansatz gebildet, gibt man eine Lösung aus 2 cl Essigessenz und etwas heißem Wasser darauf und lässt es über Nacht einweichen. Am nächsten Tag mit einer langstieligen Bürste den Belag entfernen.

Blutflecken

Blutflecken auf Stoff immer erst kalt auswaschen. Heiß gewaschen verbindet sich das Bluteiweiß mit dem Stoff und lässt sich nur noch schwer entfernen. Am besten den Stoff über Nacht in kaltes Salzwasser legen, dann wie gewohnt waschen.

Bohnenkochwasser

Das salzlose Kochwasser von Bohnen nicht weggießen. Damit lassen sich Tinten- und Rotweinflecke besonders gut entfernen. Einfach kalt auf den Fleck geben, über Nacht wirken lassen und wie gewohnt waschen. Auch Bronze und Gold lassen sich damit reinigen. Objekt mit einem in Bohnenwasser angefeuchteten Lappen abreiben und trocken nachpolieren.

Bohrlöcher

Ist das Bohrloch zu groß geraten und der Dübel findet keinen Halt, einfach ein Streichholz in das Bohrloch schieben und den Dübel hinterher drücken.

Bratpfannen

Bratpfanne aus Gusseisen nie spülen. Nach dem Braten die Pfanne nur mit Küchenpapier ausreiben. So brät nichts an.

Briefumschläge

Selbst über Wasserdampf lassen sich Briefumschläge nicht öffnen, wenn man den Rand des zugeklebten Briefs dünn mit farblosem Nagellack bestreicht.

Brillanten

Schmuckstücke mit Brillanten reinigt man mit einer Reinigungstablette für dritte Zähne. Tablette in eine Tasse geben, Wasser zufügen und die Schmuckstücke dazulegen. Nach dem Bad die Schmuckstücke mit einer kleinen Bürste reinigen.

Brillen

Sind nur Gläser im Spülwasser gereinigt worden, eignet es sich hervorragend zur Reinigung von Brillen. Brillen an den Bügeln anfassen und durch das Spülwasser ziehen. Mit einem fusselfreien Tuch nachpolieren.

Brotkasten

Brotkästen regelmäßig mit Essigwasser ausreiben. So wird Schimmel vermieden.

Bücher

Bücher immer nur trocken mit einem Staubwedel abstauben. Feuchtigkeit schadet den Büchern.

Bügeleisen I

Dampfbügeleisen sollten mit destilliertem Wasser betrieben werden. Das Wasser aus Kondensatwäschetrocknern eignet sich ebenfalls. Zudem riecht es gut und verleiht der Wäsche einen feinen Duft.

Bügeleisen II

Die Bügeleisenfläche wird wieder glatt und sauber, wenn man sie mit Backofenspray besprüht, das Spray einwirken lässt und mit einem feuchten Tuch nachwischt.

Bürsten I

Neue Bürsten vor dem ersten Gebrauch in eine leichte Salzwasserlösung tauchen. 1 El Salz auf 1 l kaltes Wasser geben, Borsten kurz eintauchen und anschließend mit den Borsten nach unten auf einem Handtuch trocknen lassen.

Bürsten II

Bürsten für Haar und Körper werden in Shampoo oder einer milden, warmen Seifenlösung gereinigt. Nach dem Einweichen die Bürsten gegeneinander reiben. Zum Trocknen die Bürsten mit den Borsten nach unten auf ein Handtuch legen.

C

Christbaumschmuck aus Tannenzapfen
Man taucht die Tannenzapfen in eine sehr starke Salzlösung (4 El auf 1 l Wasser) und hängt sie zum Trocknen nach draußen. Danach sehen die Zapfen wie mit Reif überzogen aus.

Chrom
Verzierungen und Gegenstände aus Chrom nie mit scharfem Scheuermittel pflegen. Zur Reinigung lieber ein weiches, feuchtes Ledertuch verwenden. Mit einem weichen Tuch nachpolieren.

Ceran-Kochflächen
Ceran-Kochflächen nicht mit scharfen Reinigern putzen. Nach dem Abkühlen die Fläche mit einem feuchten Tuch und etwas Spülmittel reinigen. Auf eine hartnäckige Verschmutzung für einige Zeit ein nasses Küchentuch legen. So lässt sich auch Angebranntes mühelos entfernen.

Cordsamt
Cordsamt immer von links waschen und bügeln. So vermeidet man Druckstellen im Stoff.

D

Daunendecken
Daunendecken niemals in die pralle Sonne zum Lüften legen. Die feinen Daunen werden in der Sonne brüchig und zerbröseln.

Dielen, knarrende
Knarrende Holzdielen mit Talkumpuder bestreuen und mit einem Handfeger einarbeiten. Anschließend alle Nägel mit dem Hammer nacharbeiten. Schon nach kurzer Zeit lässt das Knarren nach.

Druckknöpfe

Wenn Druckknöpfe schlecht schließen, schlägt man mit einem kleinen Hammer auf den Kopf des Druckknopfs. Dadurch wird er etwas breiter und schließt wieder besser.

Dübel, lockere

Lockere Dübel in der Wand befestigt man wieder, indem man den Dübel aus der Wand zieht, das Bohrloch mit Spachtelmasse ausfüllt und den Dübel in die noch weiche Masse schiebt.

Duft I

Wäscheschränke bekommen einen frischen Duft, wenn man Seifenreste oder kleine Seifenstücke in Stoffbeutelchen gibt und in den Schrank hängt.

Duft II

Lavendelblüten in kleine Stoffbeutel füllen und in den Wäscheschrank legen. Das duftet nicht nur gut, sondern hält auch noch die Motten fern.

Duft III

Um den Raum mit angenehmem Duft zu füllen, einfach einige Tropfen eines Duftöls in die Luftbefeuchter an der Heizung geben. Mit der Heizungsluft wird der Duft im Raum verteilt.

Duschen statt Baden

Beim Duschen wird weniger Wasser verbraucht als beim Baden. Außerdem ist Duschen besser für die Haut, sie wird dabei nicht so strapaziert.

Duschvorhänge

Stockflecken am Duschvorhang beseitigt man mit Badezimmerreiniger in Sprayform. Vorhang einsprühen, kurze Zeit einwirken lassen und mit der Dusche abspülen. Bei starker Verschmutzung den Vorgang wiederholen.

Duschwände I

Um Duschwände kalkfleckenfrei zu halten, nach dem Duschen die Wände mit einem kleinen Gummischaber abziehen. Dieser sollte immer in der Dusche bleiben, damit es nicht vergessen wird.

Duschwände II

Durch Kalkablagerungen stark verschmutzte Duschwände werden mit einer dicken Breimischung aus Salz und Essig wieder klar. Den Brei mit einer Spülbürste kreisend auftragen und mit der Dusche abspülen. Anschließend mit dem Gummischaber trocknen.

E

Edelsteine

Edelsteine und ihre Fassungen werden wieder sauber, wenn man sie für kurze Zeit in reinen Alkohol einlegt. Zum Schluss mit einem feinen Bürstchen die Fassung reinigen und alles mit einem weichen Tuch polieren.

Eier

Eierflecken immer kalt auswaschen. Heiß gewaschen verbindet sich das Eiweiß mit dem Stoff und lässt sich nur noch schwer entfernen. Am besten den Stoff über Nacht in kaltes Salzwasser legen, dann wie gewohnt waschen.

Einbruchsicherung

Einfache Schlösser kann man mit einem Draht sichern. Man benötigt einen Eisendraht von etwa 30 cm Länge. Diesen Draht biegt man wie eine Haarnadel zusammen, hängt ihn über die Türklinke und fügt beide Enden durch den Schlüsselgriff. Dabei muss der Schlüssel quer gestellt im Schloss stecken. Jetzt kann man den Schlüssel weder drehen noch aus dem Schloss drücken. Achtung! Das Schloss sollte aber zuerst von innen abgeschlossen werden.

Elfenbein

Figuren oder Schmuckstücke aus Elfenbein bekommen ihre schöne cremeweiße Farbe wieder, wenn man sie mit Spiritus, Terpentin oder Zitronensaft abreibt. Alternativ löst man einige Reinigungstabletten für dritte Zähne in Wasser auf. Die Tabletten in das Spülbecken geben, Wasser zufügen und Figuren oder Schmuckstücke dazulegen. Nach dem Bad die Gegenstände mit einer kleinen Bürste reinigen.

Energie

Energie lässt sich bei vielen Kleinigkeiten einsparen. Die Raumtemperatur in allen Räumen um 1 °C herunterschalten. Im Urlaub den Kühlschrank auf 10 °C herunterdrehen. Da er nicht geöffnet wird, hält er die Temperatur. Gefriergeräte regelmäßig abtauen. Vereiste Geräte verbrauchen ⅓ mehr Energie. Alle Elektrogeräte nach dem Benutzen ausschalten. Stand-by-Schalterstellung vermeiden. Alle Elektrogeräte vor dem Kauf auf ihren Verbrauch hin überprüfen. Geräte der Gruppe A verbrauchen am wenigsten, die Geräte der Gruppe G am meisten Energie. Glühbirnen durch Energiesparlampen austauschen. Sie verbrauchen bis zu 80 % weniger Energie. Beim Backen auf das meist unnötige Vorheizen verzichten. Im ausgeschalteten, aber noch warmem Backofen Teller und Schüsseln vorwärmen. Die Kinder dazu anhalten, beim Verlassen des Raumes das Licht auszuschalten. Wasserhähne und Toilettenspülungen überprüfen. Schon ein tropfender Wasserhahn (10 Tropfen pro Minute) ergibt eine Wassermenge von 2000 l pro Jahr, die ungenutzt im Abflussrohr verschwinden.

Etiketten

Klebeetiketten auf Porzellan oder Glas lassen sich im Spülwasser entfernen. Nur bei hartnäckigen Kleberesten Nagellackentferner benutzen. Größere Aufkleber mit dem warmen Luftstrahl vom Föhn entfernen.

F

Fahrrad

Fahrräder im Winter immer in hängender Position aufbewahren. Bleiben sie stehen, leiden die Reifen und werden porös.

Fenster

Saubere Fenster ohne Putzstreifen bekommt man, wenn dem Putzwasser ein Schuss Spiritus beigemischt wird. Starke Verschmutzung muss zuerst mit reichlich klarem, warmem Wasser entfernt werden, dann erst das normale Putzwasser einsetzen. Ohne vorherige gründliche Reinigung entstehen Schlieren und Streifen. Gibt man in das letzte Putzwasser einen Schuss Glyzerin, perlt beim nächsten Regen das Wasser von den Scheiben ab.

Fensterleder

Fensterleder bleiben weich, wenn sie nach dem Gebrauch zuerst in Salzwasser und anschließend in klarem, warmem Wasser ausgewaschen werden. Zum Trocknen nie in die pralle Sonne hängen.

Fensterscheiben

Fensterscheiben bleiben klar, wenn man sie regelmäßig mit einem trockenen, fusselfreien Tuch von innen und außen abreibt. Bei Regenwetter entstehen dann nicht gleich die hässlichen Schmutztropfen und -streifen.

Fernsehgeräte

Fernsehgeräte immer so aufstellen, dass sich kein Hitzestau bilden kann. Blumenvasen oder Gefäße, die Wasser enthalten, gehören nicht auf den Fernseher. Fallen sie um, kann das eindringende Wasser das Gerät zerstören. Das Gerät über Nacht nicht in Stand-by-Stellung lassen. Das verbraucht nur unnötige Energie.

Fett

Flüssiges Fett gehört nicht in den Ausguss. Lieber einige Lagen Zeitungspapier übereinander legen, das Fett darauf gießen und über den Hausmüll entsorgen.

Filznoppen

Stehen Möbel direkt auf Parkett oder Laminat, klebt man schützende Filznoppen unter die einzelnen Möbelbeine und -füße. So lassen sich Kratzer vermeiden, und bei Bedarf lassen sich die Möbel leichter von der Stelle bewegen.

Flaschen

Flaschen und Karaffen, in denen sich ein Ansatz gebildet hat, bekommt man wieder sauber, wenn man 4 El Essigessenz in die Flasche gibt, mit wenig Wasser aufgießt und über Nacht einweichen lässt.

Fliegen I

Fliegen im Haus und besonders in der Küche sind lästig. Darum im Fensterrahmen ein Fliegengitter mit selbstklebendem Klettband befestigen. Es kann bei Bedarf erneuert und ausgewechselt werden.

Fliegen II

Frisches Obst lockt Fruchtfliegen an. Darum täglich kontrollieren, ob ein Obststück braune Stellen aufweist. Es sollte sofort aussortiert und verspeist werden. Zur Vorbeugung einige Gewürznelken in die Obstschale legen.

Fliesen I

Fliesen aus Keramik werden erst abgesaugt und dann feucht gewischt. Dem Wischwasser immer einen Schuss Allzweckreiniger zufügen. Optimale Resultate erreicht man mit einem Schwammwischer.

Fliesen II

Verschmutzte Fugen zwischen den Fliesen, ob am Boden oder an der Wand, reinigt man mit Sandpapier der feinsten Körnung. Das Sandpapier mit der rauen Seite nach außen zusammenfalten und mit der Kante vorsichtig über die Fugen reiben. Dabei darauf achten, dass die Glasur der Fliesen nicht beschädigt wird.

Fransen

Fransen an Gardinen und Vorhängen vor dem Waschen oder Reinigen büschelweise mit einem Faden umwickeln. So bleiben sie gerade und verknoten nicht.

Fressnapf

Fressnäpfe, ob von Hund oder Katze, immer auf ein Kunststoff-Set stellen. So lassen sich verstreute Futterreste einfacher einsammeln und entsorgen. Zusätzlich rutscht auf einer Kunststoffunterlage der Napf nicht mehr weg.

Fusseln

Fusseln und Tierhaare an Kleidungsstücken entfernt man mit einem Schwamm, den man etwas angefeuchtet hat.

Fußmatte

Fußmatten rutschen nicht mehr weg, wenn man sie an jeder Ecke mit halbierten Einmachgummis unterlegt, festnäht und so fixiert.

Fußspuren

Bei schlechtem Wetter die Fußmatte mit einem feuchten Scheuertuch umwickeln. So bleibt beim Fußabstreifen der gröbste Schmutz am Scheuertuch haften.

G

Gardinen I

Gardinen bekommen keine Zipfel nach dem Waschen, wenn beim Trocknen das kürzere Ende mit Wäscheklammern beschwert wird, bis es ausgeglichen ist.

Gardinen II

Gardinen aus dünnen, feinen Stoffen fallen schöner in Falten, wenn nach dem Waschen und Wiederaufhängen die Falten an der Unterkante mit Wäscheklammern fixiert werden.

Gardinen III

Gardinenröllchen, -halter und -ringe gleiten besonders gut, wenn man die Laufschiene mit einem Stück Kerzenwachs einreibt.

Gardinen IV

Empfindliche Gardinen vor dem Waschen locker in einen Kopfkissenbezug geben und den Bezug zuknöpfen. So wird der Stoff während der Wäsche geschont.

Geruch I

Unangenehme Koch- und Bratgerüche vertreibt man schnell, indem man in eine Schale einige Tropfen Zitronen- oder Nelkenöl gibt und mit heißem Wasser auffüllt.

Geruch II

Muffiger Geruch im Küchenschrank verschwindet, wenn der Schrank mit Essigwasser ausgerieben wird.

Geruch III

Wer starke Schweißfüße hat, sollte seine Schuhe, egal ob Leder oder Turnschuh, nach jedem Tragen mit Katzenstreu auffüllen und bis zum nächsten Tragen stehen lassen. Katzenstreu bindet unangenehmen Schweißgeruch und entzieht dem Schuh die Feuchtigkeit.

Geschirr

Geschirr wird besonders glänzend, wenn dem Spülwasser ein Schuss Essig zugefügt wird.

Gift

Giftstoffe im Haus müssen deutlich gekennzeichnet sein und immer so aufbewahrt werden, dass keine Kinder oder Tiere mit ihnen in Kontakt kommen. Der sicherste Platz ist ein verschlossener Hängeschrank in Erwachsenenhöhe angebracht.

Gips I

Gips wird immer ins Wasser geschüttet und dann umgerührt. Macht man es umgekehrt, wird er klumpig.

Gips II

Ein langsameres Abhärten von Gips erzielt man, indem man ihn nicht mit Wasser, sondern mit Essig ansetzt.

Gips III

Gips härtet schnell, wenn man eine gute Prise Salz zufügt.

Gläser I

Dünnwandige Gläser sollten von Hand gespült werden. In der Spülmaschine verlieren sie ihren Glanz.

Gläser II

Biergläser nach dem Spülen unbedingt mit klarem Wasser nachspülen. Verbleibende Seifenreste im Glas verhindern die Schaumentwicklung, und das Bier wird schnell schal.

Gläser III

Gläser zerspringen nicht beim Eingießen von heißen Getränken, wenn man die Gläser auf ein kaltes, nasses Tuch stellt und in jedes Glas einen Löffel stellt. An diesem lässt man die heiße Flüssigkeit entlanglaufen.

Glasscherben und Glassplitter

Glasscherben und Glassplitter nimmt man am besten und sichersten mit einem alten, feuchten Lappen auf und wirft diesen dann in den Müll.

Glastisch I

Glastische immer mit einem weichen Fensterleder abreiben und mit einem Baumwolltuch nachpolieren. Handelsübliche Glasreiniger verursachen mit der Zeit einen Schmierfilm auf dem Glas, und es verliert seinen Glanz.

Glastisch II

Kleine Kratzer auf Glastischen kann man mit etwas Zahncreme, die zum Aufhellen der Zähne verwendet wird, wegpolieren.

Glastüren

Glastüren und Glastrennwände bergen ein Sicherheitsrisiko, weil man schnell dagegen laufen kann. Darum auf unterschiedlichen Höhen Aufkleber aufbringen.

Gold

Schmuck aus Gold wird wieder sauber, wenn man ihn in eine kleine Schüssel mit warmem Wasser legt und darin eine Reinigungstablette für dritte Zähne auflöst.

Goldrahmen

Matt gewordene Goldrahmen glänzen wieder, wenn sie mit einer Mischung aus 1 El Salz und 1 Eiweiß abgerieben und anschließend mit einem weichen Tuch poliert werden.

Grillrost

Den Grillrost vor dem Grillen mit Öl einreiben. Hinterher in Seifenlauge einweichen und mit einer Spülbürste reinigen.

Grünspan

Grünspan an Kupfer- oder Messinggefäßen entfernt man mit einer Mischung aus 1 El Salz und 2 El Essig. Die Paste wird mit einem Tuch aufgetragen und eingerieben. Anschließend mit Wasser abwaschen.

Gummistiefel

Echte Gummistiefel werden nicht brüchig, wenn sie regelmäßig mit Glyzerin eingerieben werden.

Gummiwärmflaschen

Wärmflaschen aus Gummi immer mit der Öffnung nach unten aufhängen. So gibt es keine Wasserreste, welche die Flasche muffig riechen lassen.

H

Halsketten

Halsketten, ob aus Gold, Glas, Holz oder Metall, nach dem Tragen mit einem feuchten weichen Tuch reinigen. Hautfett, Creme und Parfüm werden so entfernt, und die Ketten bleiben sauber.

Hausapotheke

Das kühle Schlafzimmer ist der richtige Ort für eine Hausapotheke. Damit die Medikamente für Kinder unerreichbar sind, muss die Hausapotheke abschließbar sein. Um einen Überblick über den Inhalt zu haben, sollte einmal im Jahr die Hausapotheke überprüft werden. Abgelaufene Medikamente werden dabei aussortiert und in die Apotheke oder in eine Gefahrgut-Sammelstelle zurückgebracht. Beipackzettel und Medikament sollten immer gemeinsam in der Medikamentenschachtel aufbewahrt werden, damit keine Fehlmedikation geschieht. Verbandsstoffe und Pflaster müssen überprüft werden. Pflaster sind nur dann sinnvoll, wenn sie noch kleben, elastisch und sauber sind. Verpackungen von Verbandmull müssen intakt und steril sein.

Das gehört in die Hausapotheke

Arzneimittel

Erste-Hilfe-Anleitung
Schmerz- und Fiebertabletten
Erkältungsmittel gegen Husten, Halsschmerzen, Schnupfen
Tabletten gegen Durchfall
Tabletten gegen Verstopfung
Mittel gegen Sodbrennen
Mittel gegen Blähungen und Völlegefühl
Mittel gegen Übelkeit und Magendrücken
Mittel gegen Insektenstiche
Wunddesinfektionsmittel
Wund- und Brandgel

Verbandsmaterial

Mullbinden, 6 cm Breite
Mullbinden, 8 cm Breite
2 elastische Binden
Verbandsklammern
Verbandspäckchen, klein, mittel, groß
Verbandswatte
Heftpflasterrollen
Pflaster und Pflasterstrips
2 Dreiecktücher
6 Sicherheitsnadeln
1 Splitterpinzette
1 Verbandschere
Gummi- oder Plastikhandschuhe

Individuelle Arzneimittel

Das sind Arzneimittel, die vom Arzt zur Behandlung von Krankheiten, also auch für den Dauergebrauch, bestimmt sind.

Krankenpflegeartikel
Fieberthermometer
Mundspatel
Gummi- oder Lederfingerling
Desinfektionsmittel
Wärmflasche

Sonstiges
Notfalladressen und die dazugehörigen Telefonnummern:
Hausarzt
Polizei
Feuerwehr
Krankenhaus
Vergiftungszentren

Tierarzneimittel (Wurmkur/Flohhalsband) gehören nicht in die Hausapotheke. Sie müssen unbedingt gesondert gelagert werden.

Handschriften
Verblichene Handschriften werden wieder lesbar, wenn man ein in Eisenvitriollösung (Apotheke) getränktes Löschblatt darüber legt.

Handschuhe I
Handschuhe, die abfärben, vor dem Tragen innen mit Talkumpuder bestreuen.

Handschuhe II
Handschuhe für Kinder gehen nicht mehr so schnell verloren, wenn man sie mit einem langen Band verbindet und durch beide Ärmel führt. Das Band sollte so viel Zugabe haben, dass man die Handschuhe bequem anziehen kann.

Harz

Harzflecken an den Händen können mit Terpentin, Benzin oder Spiritus abgerieben werden.

Heizkörper

Heizkörper sollten nicht mit Möbeln zugestellt oder mit Gardinen zugehängt werden. So kann die Heizungsluft nicht zirkulieren, und es geht wertvolle Energie verloren.

Holz

Küchenartikel aus Holz gehören nicht in die Spülmaschine. Lieber mit der Hand spülen.

Holzbretter

Holzbretter nehmen den Geruch von Fisch, Knoblauch oder Zwiebel nicht an, wenn sie vorher und nachher mit kaltem Wasser abgewaschen werden.

Horn I

Vorlegebestecke und andere Gegenstände aus Horn sollten immer in weichen Tüchern gewickelt gelagert werden.

Horn II

Horngegenstände spült man nur in handwarmem Wasser. So werden sie nicht weich und bleiben in Form.

I

Imprägnierte Stoffe

Imprägnierte Stoffe von Markisen reinigt man, indem man sie gründlich abkehrt oder mit einem Staubsauber absaugt und anschließend mit einem Waschmittelschaum, der eine Imprägnierung enthält, unter Zuhilfenahme eines Schrubbers reinigt. Mit dem Gartenschlauch alles abspritzen und trocknen lassen.

Insektenstiche

Bunte Kleidung, Parfüms und Süßes locken Insekten an. Hat sich ein Insekt auf der Haut niedergelassen, sollte man es nur vorsichtig abschütteln. Auf keinen Fall nach dem Insekt schlagen. Hat ein Insekt gestochen, den Stachel schnell entfernen. Dabei darf der kleine Giftsack, der am Stachel hängt, nicht zerdrückt werden. Anschließend die Stelle mit einer aufgeschnittenen Zwiebel belegen. Hat das Insekt in Mund, Zunge, Hals oder die Nase gestochen, sofort einen Arzt aufsuchen. Bis dahin Eiswürfel lutschen oder die Stelle kühlen.

J

Jalousien

Beim Staubsaugen regelmäßig die Jalousien mit einbeziehen. Dafür die Lamellen der Jalousie in senkrechte Position bringen und mit dem Möbelbürstenvorsatz absaugen.

Jettschmuck

Jettschmuck pflegt man mit etwas Öl. Dafür einige Tropfen Öl auf einen Wattebausch geben und den Schmuck damit einreiben. Mit einem weichen Tuch nachpolieren.

K

Kachelöfen

Kachelöfen mit einer feinen Glasur dürfen nur im kalten Zustand abgewaschen werden. Zum Nachpolieren ein weiches Fensterleder oder ein Baumwolltuch verwenden.

Kaffeegeschirr

Kaffeegeschirr immer zuerst spülen. Das Spülwasser darf keinesfalls mit Fett in Berührung kommen. Ein Fettfilm in Tassen und Kanne mindert den Kaffeegenuss.

Kalkablagerungen

Kalkablagerungen in Heißwassergeräten oder Kaffeemaschinen beseitigt man mit einer Mischung aus Essigessenz und Wasser (1:1). Die Mischung einfüllen und einmal aufkochen bzw. durchlaufen lassen. Vorgang bis zu dreimal wiederholen. Danach mit klarem Wasser nachspülen.

Kämme I

Kämme und Bürsten werden zum Reinigen in einer Shampoolauge eingeweicht. Anschließend mit einem Handbürstchen abreiben.

Kämme II

Kämme aus Horn oder Schildpatt werden nicht so schnell brüchig, wenn man sie hin und wieder für einige Stunden in eine Lösung aus Salmiakgeist (1 Tl auf 1 l Wasser) legt. Mit einer weichen Bürste nachreinigen und mit klarem Wasser abspülen.

Karaffen reinigen

Löschpapier in dünne Streifen reißen, mit einer zerkleinerten Eierschale in die Karaffe geben und bis zu ¼ mit Wasser füllen. Anschließend einige Zeit kräftig schütteln. Nach dem Ausgießen spült man mehrfach mit heißem Wasser nach.

Kerzen I

Grundsätzlich gilt die Regel: Brennende Kerzen niemals unbeaufsichtigt lassen! Kerzen brennen länger, wenn etwas Salz um den Docht gestreut wird.

Kerzen II

Kerzen tropfen nicht, wenn man sie vor Gebrauch in eine starke Salzwasserlösung legt. Anschließend gut trocknen lassen.

Kerzen III

Dicke Kerzen mit dem unteren Ende in heißes Wasser tauchen. Jetzt lassen sie sich in jeden beliebigen Kerzenständer drücken. Sind Kerzen zu dünn, das untere Ende mit Alu- oder Klarsichtfolie umwickeln.

Kerzenständer

Wachsreste aus Kerzenständern entfernt man mühelos, indem man die Kerzenständer in heißes Wasser legt. Das Wachs schmilzt und schwimmt nach dem Erkalten an die Wasseroberfläche.

Klaviertasten

Klaviertasten lassen sich prima mit Spiritus oder Zahnpasta reinigen. Dazu den Wirkstoff auf die Tasten verteilen, kurz einwirken lassen und mit einem weichen Tuch nachpolieren.

Klebstoff

Klebstoff nach Gebrauch immer gut verschließen und kühl lagern. So bleibt er länger klebefähig.

Korallen I

Echte Korallen werden zum Reinigen in lauwarmer, dünner Seifenlauge mit einer weichen Bürste abgebürstet. Zum Schluss mit klarem Wasser abspülen.

Korallen II

Schmuckstücke aus echter Koralle bekommen wieder einen tollen Glanz, wenn man sie für einige Stunden in eine Schüssel mit schlichter Gartenerde legt. Mit einem Bürstchen anschließend die Erde entfernen und mit einem weichen Tuch nachpolieren.

Korbmöbel

Naturbelassene Korbmöbel werden mit einer Seifenlauge oder mit Salzwasser abgebürstet. Zum Abspülen dem Wasser einen Schuss Essig zusetzen. Danach die Möbel gut trocknen. Lackierte Korbmöbel werden nur trocken gereinigt.

Korken I

Korken, die zerbröseln oder muffig riechen, nicht in die Sammelstelle zurückbringen. Lieber gleich entsorgen oder – falls ein Kamin vorhanden ist – zum Anzünden des Kamins verwenden.

Korken II

Korken aus Flaschen lassen sich leichter entfernen, wenn man vorher etwas warmes Wasser über den Flaschenhals laufen lässt.

Kristall

Gegenstände und Skulpturen aus Kristall dürfen nie mit heißem Wasser gereinigt werden. Lieber lauwarmem Wasser einen Schuss Essig zufügen und damit das Kristall reinigen. Mit einem weichen Tuch nachpolieren.

Kristallvasen

Bodensatz in Kristallvasen löst sich, wenn man klein geschnittene Apfelsinenschalen darauf legt, mit Wasser füllt und für einige Stunden einweichen lässt.

Kronleuchter

Kronleuchter bekommen einen besonderen Glanz, wenn man sie mit lauwarmem Essigwasser abreibt.

Küchenschaben

Küchenschaben lieben es feuchtwarm und dunkel. Diese lästigen Plagegeister kann man mit einer Mischung aus Borax (Apotheke) und Zucker (1:1) vertreiben. Diese Mischung wird auf den Laufstraßen der Schaben ausgestreut. Daneben stellt man flache Schalen mit Wasser. Die Schaben fressen die Mischung, trinken das Wasser und sterben an dieser Mischung. Wenn nach drei Wochen immer noch Schabenbefall besteht, sollte eine Fachkraft mit der Schädlingsbekämpfung beauftragt werden.

Kugelschreiber

Oft ist die Mine noch nicht ganz leer, aber der Kugelschreiber schreibt nicht mehr. Die Mine aus dem Stift nehmen, kurz ein brennendes Streichholz an die Minenspitze halten, wieder in den Stift stecken und schreiben.

Kühlschrank

Gegarte Speisen immer völlig abgekühlt in den Kühlschrank geben. Um Gerüche zu vermeiden, müssen lose Lebensmittel mit Folie abgedeckt werden. Den Kühlschrank regelmäßig mit Essigwasser ausreiben.

Die richtige Befüllung: Nach oben und in den hinteren Teil gehört schnell Verderbliches wie Fisch und Fleisch, beides immer abgedeckt und wenn möglich auf zusätzliches Eis gelagert. Quark, Joghurt, Käse und Aufschnitt gehören in die Mitte. Obst und Gemüse in das Gemüsefach legen. In die Tür oben kommen Eier, Butter und angebrochene Gewürzsoßen. Im unteren Teil lagern Flaschen. Den Kühlschrank immer nur so kurz wie nötig offen halten. Langes Öffnen der Tür kostet Energie und lässt den Kühlschrank vereisen.

Kunststoffböden

Kunststoffböden aus PVC nicht mit Selbstglanzmitteln (Glänzer) behandeln. Sie zerstören den Eigenglanz der Böden, und man muss sie bei jedem Wischen neu behandeln.

Kupfer

Kupfer wird wieder schön und bekommt seinen warmen Glanz zurück, wenn man es mit Sauerkraut abreibt.

L

Lammfell

Lammfell wird wieder schön und flauschig, wenn es mit einem milden Haarshampoo gewaschen wird. Während des Trocknens immer wieder die Rückseite des Fells aneinander reiben. So bleibt sie weich und wird nicht hart und brüchig.

Lampenschirm

Lampenschirme aus Glas von der Lampe abschrauben und in einer Spülmittellauge reinigen. Lampenschirme aus Stoff erst mit dem Staubsauer absaugen und dann mit einer Kleiderbürste abbürsten.

Ledermöbel

Möbel aus Glattleder abstauben und anschließend mit Glyzerin einreiben. Das bringt die Farben wieder zum Leuchten. Rauleder nur feucht abwischen.

Linoleumboden

Linoleumboden immer nur feucht wischen. Es reicht, wenn in das Wischwasser ein Schuss Allzweckreiniger geschüttet wird.

Luffaschwamm

Luffaschwämme oder Luffahandschuhe zum Reinigen einige Stunden in Soda- oder Seifenlauge legen. Mit warmem, klarem Wasser gründlich ausspülen.

M

Markisen

Markisen immer nur trocken einrollen. Ist die Markise feucht und kann nicht trocknen, bilden sich Stockflecken.

Marmor

Marmor nie mit Essig oder Zitronensäure reinigen. Das macht ihn stumpf und glanzlos. Lieber mit einem Neutralreiniger wischen und gut nachtrocknen. Marmortreppen müssen immer gut trocken sein wegen der Rutschgefahr.

Messer

Messer mit Holzgriffen immer von Hand spülen. In der Spülmaschine leiden die Griffe und weichen auf. Hat man Zitrusfrüchte geschnitten, das Messer anschließend mit heißem Wasser reinigen. Regelmäßiges Schärfen mit dem Wetzstahl erleichtert das Schneiden.

Messing

Messing läuft nicht an, wenn es jede Woche einmal mit etwas Nähmaschinenöl eingerieben wird. Die Schicht einige Stunden trocknen lassen und mit einem weichen Tuch nachpolieren.

Milben

Milben sind mikroskopisch klein und leben in Betten und Teppichen. Darum die Betten so oft es geht gut lüften und nicht abdecken. Lieber offen liegen lassen, denn helles Licht und frische Luft mögen Milben nicht. Auslegeware und Teppiche immer gründlich staubsaugen.

Milchglasfenster

Milchglasfenster putzt man mit heißem Essigwasser. Mit einem Fensterleder trockenwischen.

Möbel

Möbel lassen sich besser verrücken, wenn unter ihre Füße oder Stellflächen Filznoppen geklebt werden. Möbel aus Holz nicht so oft feucht abwischen. Lieber mit einem trockenen, weichen Tuch entstauben. Haben Möbel aufgesetzte Verzierungen und Reliefs, kann man diese mühelos mit einem Föhn entstauben.

Motten

Motten im Kleiderschrank kann man erfolgreich mit Duftkissen vorbeugen. Kleine Leinensäckchen mit Lavendelblüten oder getrockneter Orangenschale füllen und aufhängen. Tauchen Motten im Küchenbereich auf, müssen alle Schränke mit Essigwasser ausgewaschen und alle getrockneten Lebensmittel auf Befall hin untersucht werden. Häufig finden sich Larven in Nudeln, Haferflocken und Ähnlichem. Befallene Lebensmittel müssen vernichtet werden.

Mücken

Mücken kann man erfolgreich aus dem Haus halten, indem man alle Fenster und Türen mit einem Fliegenvorhang versieht. Attraktiv sehen die im Handel angebotenen Moskitonetze für Betten aus. Sie werden über dem Bett an der Decke verankert und über dem Bett ausgebreitet.

Mülleimer

Auf den Boden von Mülleimern, in denen Biomüll gesammelt wird, immer eine Schicht Zeitungspapier legen. Sie halten den Eimer sauber und nehmen eventuelle Feuchtigkeit auf. Katzenstreu erfüllt den gleichen Zweck.

N

Nägel

Klebt man, bevor man einen Nagel in die Wand schlägt, ein Stück doppelseitiges Klebeband auf die Stelle, kann man sicher sein, dass der umliegende Putz nicht beschädigt wird. Wird ein Nagel in eine mit Tapete beklebte Wand geschlagen, sollte vorher mit einem Feder- oder Teppichmesser ein winziger Schnitt in die Stelle in der Tapete gemacht werden. Nägel, die in Holz geschlagen werden, vorher an der Spitze etwas stumpf schlagen. So verhindert man ein Einreißen des Holzes. Kleine Nägel vor dem Einschlagen durch ein Stück Pappe drücken. So läuft man nicht Gefahr, sich auf die Finger zu schlagen.

Nikotin

Nikotinflecke auf der Haut verschwinden durch Abreiben mit Essig oder Zitrone.

O

Oberbetten

Oberbetten mit Federfüllung zum Lüften nie in die pralle Sonne legen. Die Federn werden dadurch trocken und brüchig.

Öl

Öllachen sofort mit Katzenstreu bestreuen. Das saugt das Öl auf und lässt sich anschließend schnell zusammenkehren.

Opal

Schmuckstücke mit Opalen dürfen nicht mit Seife in Verbindung kommen. Darum unbedingt vor dem Händewaschen ablegen.

P

Parkett

Versiegelte Parkettböden benötigen keine große Pflege. Nach dem Staubsaugen nur noch feucht wischen. So behält der Boden seinen schimmernden Glanz. Unversiegelte Holzböden sollte man nicht zu nass und nicht zu heiß wischen, da das Holz leicht aufquellen und reißen kann. Unbehandelte Holzböden lieber nur kehren und hin und wieder mit einer neuen Wachsschicht versehen.

Pelze

Echte Pelze, die nass geworden sind, nicht auf Heizkörpern oder Ähnlichem trocknen. Lieber auf dem Speicher oder im Keller trocknen lassen. Dabei für frische Luft sorgen.

Perlen

Perlen sollten sooft wie möglich getragen werden. Sie brauchen das Hautfett, um ihren Glanz zu entfalten. Nach dem Tragen mit einem weichen Tuch polieren. Parfüm und Haarspray vertragen Perlen nicht. Bei Kontakt mit diesen Stoffen verlieren sie ihren Schimmer. Daher hin und wieder die Perlen in einen kleinen Leinenbeutel legen, etwas Salz zufügen und in klarem Wasser so lange schwenken, bis sich das Salz aufgelöst hat. Zum Trocknen auf ein Tuch legen.

Perlmutt

Perlmutt nicht mit Seife reinigen. Lieber eine Scheibe Schwarzbrot zerkrümeln, 1 El Weizenkleie zufügen und den Perlmutt in diese Mischung legen.

Petroleum

Vergossenes Petroleum mit Katzenstreu oder Zeitungspapier abdecken. Beides saugt auf und lässt sich einfach entsorgen.

Pfannen

Will man eine Speise in einer Pfanne mit Kunststoffstiel überbacken, umwickelt man den Stiel mit Alufolie. Dabei kommt die matte Seite nach innen, weil sie sonst die Hitze weiterleiten würde.

Pinsel

Pinsel immer sofort nach dem Gebrauch reinigen. Bei wasserlöslichen Farben unter fließendem, warmem Wasser, bei Ölfarben die Borsten in ein Glas mit etwas Terpentinlösung geben.

Plastik

Behälter aus Plastik (Tupper) nehmen in der Spülmaschine gerne einen unangenehmen Geruch an. Mit etwas Essigwasser nachspülen, und der Geruch verschwindet.

Plastikspielsachen

Da Kinder alles gerne in den Mund stecken, sollten Plastikspielsachen hin und wieder gespült werden. In normalem Spülwasser abwaschen und gründlich trockenreiben.

Polster

Polstermöbel und große Sitzkissen sollten regelmäßig abgesaugt werden. Dabei die Saugkraft nicht zu hoch einstellen, denn das schadet der Unterpolsterung.

Porzellan

Kostbarkeiten aus Porzellan reinigt man mit einfachem Spülmittel. Vorher das Spülbecken mit einigen Handtüchern auslegen, dann lauwarmes Wasser und das Spülmittel einfüllen.

Puderpinsel

Puder- oder Rougepinsel reinigt man mit Haarshampoo. Etwas Shampoo auf die Fingerspitzen geben, den feuchten Pinsel damit einseifen und mit lauwarmem Wasser ausspülen. Den Pinsel kräftig ausschlagen und möglichst hängend trocknen.

R

Radiergummi

Radiergummis schmieren nicht, wenn man die Radierfläche vorher anraut.

Reibe

Um möglichst viel Zitronenabrieb zu erhalten, zuerst ein Stück Pergament- oder Backpapier über die Reibefläche legen. Dann die Frucht mit der Schale darüber reiben. Wenn man das Papier abnimmt, kann man problemlos mit einem Löffel den Abrieb abstreichen.

Rohrgeflecht

Rohrgeflecht von Sitzmöbeln wird wieder hell, wenn man es mit einer halbierten Zitrone abreibt.

Rost

Rostflecke niemals mit Seife behandeln. Lieber Zitronensaft oder Petroleum verwenden.

Ruß

Rußflecken auf Teppichen oder Polstermöbeln bestreut man dick mit Salz und bürstet dieses erst dann ab, nachdem das Salz den Ruß an sich gebunden hat.

S

Sägen laufen leichter, wenn man das Blatt mit trockener Kernseife oder einer ungesalzenen Speckschwarte einreibt. Bei harzhaltigen Hölzern das Sägeblatt mit Petroleum einreiben.

Schildpatt

Matt gewordenes Schildpatt bekommt seinen Glanz zurück, wenn man es zuerst mit einem Wolllappen warm reibt, dann etwas Bohnerwachs aufträgt und nach dem Einziehen blank poliert.

Schirm I

Schirme kann man selber wasserabweisend ausrüsten. Im aufgespannten Zustand mit Haarspray oder Haarlack besprühen und trocknen lassen.

Schirm II

Schirme, die wasserdurchlässig geworden sind, aufspannen und trocken mit essigsaurer Tonerde bestreichen.

Schnürsenkel

Ausgefranste Enden von Schnürsenkeln in klaren Nagellack oder in Flüssigkleber tauchen. Mit den Fingern spitz drehen und trocknen lassen.

Schlüssel

Schlüssel, die rostig sind und sich nicht mehr im Schloss drehen lassen, legt man für einige Stunden in eine Mischung aus ⅔ Salatöl und ⅓ Petroleum. Mit einem groben Tuch trockenreiben.

Schnitzereien

Schnitzereien kann man ganz leicht mit einem Föhn entstauben. Auf niedrigster Stufe das Schnitzwerk anpusten.

Schraubgläser

Schraubgläser lassen sich leichter öffnen, wenn man zuvor das Glas mit dem Deckel nach unten hält und mit der flachen Hand auf den Glasboden schlägt.

Schubladen

Schubladen gehen leichter in der Führungsleiste, wenn diese vorher mit einem Kerzenstummel oder mit Seife eingerieben wird.

Schuhe

Neue Schuhe mit Ledersohlen geben einen sicheren Tritt, wenn die Schuhsohle mit feinkörnigem Sandpapier angeraut wird.

Silber

Silber wird wieder glänzend, legt man es in eine Schüssel auf Alufolie (glänzende Seite nach oben), gibt eine Hand voll Salz hinzu und füllt sie mit heißem Wasser.

Silberbesteck
Silberbesteck läuft auch bei langem Aufbewahren nicht an, wenn man es hauchdünn mit Glyzerin einreibt. Zum Aufbewahren immer in ein dunkles Tuch wickeln.

Spanngardinen
Spanngardinen gleich nach dem Waschen wieder auf ihre Stangen ziehen. Sie trocknen so gleich in Form und müssen nicht gebügelt werden.

Spinnen
Spinnenkotflecken auf Möbeln entfernt man mit Spiritus oder mit warmem Bier.

Staubsauger
Saugt ein Staubsauger nicht mehr richtig, kontrollieren, ob der Beutel oder der Staubfilter voll oder defekt sind.

Steckdosen
Leben Kleinkinder im Haushalt, müssen Steckdosen mit einer Kindersicherung versehen werden. Die bekommt man im Fachhandel.

Stockflecken
Stockflecken auf Stoffen kann man mit einer Mischung aus 10 El Wasser, 1 El Salmiakgeist und ½ Teelöffel Salz entfernen.

Stuhlbeine
Stuhlbeine hinterlassen keine Kratzer, wenn sie mit Filznoppen beklebt oder mit Gleitnägeln beschlagen werden.

T

Tabak
Tabak bleibt länger frisch, wenn man kleine Apfel- oder Kartoffelstückchen mit in die Dose gibt.

Tablett
Legt man ein feuchtes Stück Küchenpapier auf das Tablett, rutschen weder Gläser noch Geschirr beim Transport.

Teppich
Teppiche immer mit einer Antirutschmatte unterlegen. So werden sie trittsicher.

Terrakotta
Töpfe aus Terrakotta bekommen schnell Kalkränder. Darum vor dem Bepflanzen die Innenseite der Töpfe mit einem dünnen Ölfilm versehen. Hat der Topf schon einen Kalkkranz, kann man diesen mit Essigwasser entfernen.

Thermoskannen
Tee- oder Kaffeeränder in Thermoskannen entfernt man mit Reinigertabs für die Spülmaschine. Tab in die Flasche legen und mit heißem Wasser auffüllen. Über Nacht einwirken lassen und gründlich nachspülen.

Toilette
Die Toilette muss regelmäßig gereinigt werden. Um Urinstein zu verhindern, einmal wöchentlich einen guten Schuss Essig in das Toilettenknie gießen und über Nacht einwirken lassen.

Töpfe
Töpfe und Pfannen aus Edelstahl bekommen ihren Glanz zurück, wenn man sie mit Wasser und einem Päckchen Backpulver auskocht.

Tuben
Mehrfach benutzte Tuben, die Klebstoff enthalten, lassen sich oft schwer öffnen. Den Verschluss für kurze Zeit in heißes Wasser tauchen, anschließend lässt er sich wieder leicht bewegen.

V

Vasen I

Schlanke, hohe Vasen kippen leicht um. Darum einen Stein oder Sand in die Vase füllen. Glasvasen mit bunten Glaskugeln oder buntem Dekosand füllen.

Vasen II

Verschmutzte Vasen bekommt man mit einer Essig-Salz-Lösung wieder sauber. 4 El Essig und 1 El Salz in die Vase geben und über Nacht wirken lassen.

Vogelfutter

Vogelfutter erst bei starkem Frost oder Schneefall auslegen. Vorher finden die Vögel noch genug natürliche Nahrung.

Vogelfuttermischung

Vogelfutter sollte immer aus einer Mischung von fetthaltigen Körnern (Kürbiskerne, Sonnenblumenkerne) und für die Weichfresser aus Haferflocken und Rosinen bestehen.

Vogelhäuschen

Vogelhäuschen, die im Garten stehen, immer mit einigen Lagen Zeitung auslegen. So kann man der Verschmutzung mit Vogelkot wirksam begegnen.

W

Waschbecken

Waschbecken, Badewannen und Toiletten können hässliche Kalknasen bekommen. Einfach ein Küchenpapier mit Essig tränken, auflegen und über Nacht wirken lassen.

Waschmaschine

Einmal im Monat sollte eine Tasse Essig in die Waschmittelkammer gefüllt werden. Anschließend einen Waschgang starten. Der Essig verhindert die Kalkbildung an den Heizstäben.

Wasserhahn im Freien
Wasserhähne und Wasserleitungen auf der Terrasse oder im Garten müssen vor dem Winter immer vollständig leer laufen. Bleibt Wasser in ihnen stehen, friert es ein und bringt die Leitung zum Platzen.

Weihnachtsbaum I
Der Weihnachtsbaum sollte nicht sofort aus der Kälte in das warme Zimmer gebracht werden. Lieber erst im Keller langsam vortemperieren.

Weihnachtsbaum II
Wenn möglich einen Baumständer wählen, den man mit Wasser füllen kann. So bleibt der Baum länger frisch.

Z

Zahnbürste
Zahnbürsten sollten spätestens alle vier Wochen gewechselt werden.

Zahnprothese
Zahnprothesen sollten wie die eigenen Zähne behandelt werden. Täglich mindestens zweimal putzen und regelmäßig mit Reinigertabs pflegen. So entsteht kein unangenehmer Mundgeruch.

Zahnputzgläser
Zahnputzgläser oder Becher aus Kunststoff gehören täglich gespült.

Zinn
Teller und Becher aus Zinn bekommen nach einer Politur mit warmem Bier einen feinen Glanz.

Tipps für die Küche

A

Agar-Agar

Die aus Meeresalgen hergestellte Gelatine, die fünfmal so stark ist wie handelsübliche Gelatine, ist ein guter Ersatz. Sie ist völlig geschmack- und geruchlos und zudem sehr bekömmlich.

Alufolie I

Die matte Seite der Folie sollte beim Dünsten oder Grillen immer nach außen zeigen. Sie nimmt die Hitze besser auf und leitet sie sofort nach innen.

Alufolie II

Legen Sie Backblech oder Backgitter mit Alufolie aus. Das erleichtert das spätere Reinigen.

Aluschalen

Aluschalen können mehrmals verwendet werden. Nach dem Gebrauch einfach spülen. Bei erneutem Einsatz vorher mit etwas Öl einpinseln.

Ananas I

Das Fruchtfleisch der Ananas darf nicht mit dem gleichen Messer geschnitten werden, mit dem die Schale durchtrennt wurde. Die Schale enthält ein Enzym, das bei empfindlichen Personen Bläschen und Entzündungen an Mund und Zahnfleisch entstehen lässt.

Ananas II

Eine reife Ananas erkennt man an ihrem süßlichen Duft und an der Leichtigkeit, mit der sich die Blätter aus der Krone ziehen lassen.

Ananas III

Ananas fördert die Körperentwässerung und regt die Verdauung an. Darum zweimal wöchentlich frische Ananas essen.

Anbrennen von Milch

Das Anbrennen von Milch kann man leicht vermeiden, indem man vorher den Topf mit kaltem Wasser ausspült.

Anbrennen von Brei, Milch oder Pudding

Gibt man eine saubere Glasmurmel mit in den Topf, verhindert diese beim Kochen durch ihr Rotieren ein Ansetzen der Speisen.

Angebrannte Speisen

Vorsichtig und ohne zu rühren wird die Speise in einen anderen Kochtopf gegossen. Diesen Topf in eiskaltes Wasser stellen und schnell abkühlen. So verschwindet beim erneuten Aufkochen der angebrannte Geschmack.

Äpfel

Äpfel und anderes Obst nie zusammen lagern. Äpfel verströmen Äthylengas und lassen andere Obstsorten schneller reifen.

Äpfel, alte

Runzelige Äpfel lassen sich leichter schälen, wenn man sie für einige Minuten in heißes Wasser legt.

Äpfel, geschälte

Geschälte und in Spalten geschnittene Äpfel werden nicht braun, wenn man sie gleich in ein leichtes Essig- oder Zitronenwasser legt.

Apfelkompott

Apfelkompott anstelle von Zucker mit Ahornsirup süßen. So bekommt er zusätzliche Mineralstoffe und einen nussigen Geschmack.

Apfelkuchen

Äpfel für den Apfelkuchen grob raspeln und mit etwas Rum beträufeln. Auf den Teig geben und mit Zucker bestreuen. So bleiben sie beim Backen saftiger und behalten ihr volles Apfelaroma.

Apfelschalentee

Die Apfelschalen trocken in der Pfanne anrösten. Abkühlen, klein hacken und in einem Schraubglas aufbewahren. 1 Tl davon mit ¼ l kochendem Wasser überbrühen. Mit Honig oder Ahornsirup gewürzt, erhält man ein wohlschmeckendes Getränk.

Apfelsinen
Zum leichteren Schälen die Apfelsinen kurz in heißes Wasser oder in den erwärmten Backofen legen. Presst man sie nach dieser Behandlung, geben sie auch mehr Saft.

Apfelsinenschalen gegen Motten
Die äußere Schale der Apfelsine ohne das Weiße dünn abschälen. In kleine Mulltücher wickeln, mit Bindfaden festbinden und in den Kleiderschrank hängen.

Apfelstrudel
Die Strudelfüllung wird noch pikanter, wenn man in Rum eingelegte Rosinen darunter mischt.

Auberginen
Auberginen vor dem Braten in Scheiben schneiden, mit Salz bestreuen und 10 Minuten ziehen lassen. Das ausgetretene Wasser mit einem Küchenpapier abwischen. Jetzt schmecken sie nicht mehr bitter und benötigen weniger Fett beim Braten.

Arme Ritter
Man rührt 1 Messerspitze Backpulver unter die warme Milch. Dadurch wird die Speise lockerer und geht schöner auf.

Artischocken I
Die Artischocken in ein feuchtes Tuch wickeln, in eine Plastiktüte stecken und im Kühlschrank lagern. So halten sie sich bis zu vier Tage frisch.

Artischocken II
Geschälte Artischockenböden müssen sofort in eine Schüssel mit Essigwasser, damit sie nicht braun und unansehnlich werden.

Avocados I
Harte Avocados werden schnell weich, wenn man sie in Zeitungspapier wickelt und an einem warmen Ort nachreifen lässt.

Avocados II
Avocados enthalten zwar viele Kalorien, haben aber auch viel Eisen und ungesättigte Fettsäuren. Daher sind sie gut für Herz und Kreislauf und wirken blutdrucksenkend.

B

Backblech

Das Backblech bleibt sauber, wenn es vor dem Backen mit Alufolie oder Backpapier ausgelegt wird.

Backblech, neu

Ein neues Backblech immer erst mit neutralem Fett einreiben, im Backofen erhitzen, auskühlen lassen und mit Seidenpapier abreiben. Vor dem ersten Gebrauch wie gewohnt einfetten. So bleibt nichts am Backblech kleben.

Backen

Die Garprobe bei Kuchen macht man mit einem Holzstäbchen. Mit dem Stäbchen in den Kuchen stechen. Bleibt Teig daran hängen, ist der Kuchen noch nicht gar.

Back- und Bratfett

Mehrfach benutztes Back- oder Bratfett mit einer geschälten, rohen Kartoffel aufkochen. Die Kartoffel entzieht ihm den Bratgeschmack, und es schmeckt wieder wie frisch.

Backpapier

Gebackenes löst sich besser vom Backpapier, wenn man es für kurze Zeit auf ein feuchtes Küchenpapier stellt.

Backpulver

Backpulver muss gleichmäßig in den Teig eingearbeitet werden. Um dies zu erreichen, vermischt man es mit dem zum Backen benötigten Mehl.

Backzeit

Werden große Kuchen gebacken, darf in der ersten ½ Stunde der Backofen nicht geöffnet werden. Der Kuchen würde sonst zusammenfallen.

Bananen

Bananen nicht im Kühlschrank aufbewahren, sondern bei Zimmertemperatur lagern. So halten sie länger.

Bananen, grüne
Unreife Bananen werden mit einem Apfel oder einer reifen Banane in eine Papiertüte gesteckt. So werden sie schnell reif.

Basilikum
Dieses Gewürz hat ein kräftiges Aroma. Frisch schmeckt es in Salaten und zu Tomaten. Auch als Tee zubereitet findet es seine Verwendung bei Übelkeit oder Blähungen.

Beerenobst
Selbst gesammelte Beeren vor dem Verzehr unbedingt waschen. Es besteht sonst die Gefahr einer Ansteckung mit dem Fuchsbandwurm.

Beeren einfrieren
Die gesäuberten Beeren locker auf ein Tablett legen und im Gefrierschrank schockgefrieren. Dann erst in Tüten oder Dosen verpacken. So verhindert man das Zusammenkleben der Früchte.

Biskuitboden
Die Springform für den Biskuitteig nur auf dem Boden fetten. Wird der Rand gefettet, findet der Teig keinen Halt, und der Boden wird in der Mitte hoch und hohl.

Blätterteig I
Blätterteig darf nicht geknetet, sondern nur übereinander gelegt ausgerollt werden.

Blätterteig II
Das Backblech vor dem Backen mit kaltem Wasser abspülen. So geht der Teig gut auf und bleibt nicht am Backblech kleben.

Blattsalat I
Welken Salat in eine mit Eiswasser gefüllte Schüssel mit einem Spritzer Essig legen. Nach 30 Minuten ist er wieder frisch.

Blattsalat II
Die äußeren dicken, grünen Blätter sollten mit verwertet werden. Gerade sie enthalten den größten Anteil an Vitamin C.

Blattsalat III

Salate immer vor der Hauptmahlzeit essen. Sie sättigen und fördern die Verdauung.

Blumenkohl I

Vom Blumenkohl den Strunk entfernen, den ganzen Kopf in Salzwasser legen und darin 30 Minuten liegen lassen. Eventuell vorhandenes Ungeziefer wird so ausgespült.

Blumenkohl II

Ins Kochwasser einen Schuss Essig oder Zitronensaft geben, so bleibt der Blumenkohl schön weiß.

Blumenkohl III

Kocht man ein Lorbeerblatt mit, entsteht kein unangenehmer Kohlgeruch.

Bohnen

Rohe Bohnen, Feuerbohnen und Bohnensprossen enthalten Phasin, einen Giftstoff, der erst nach dem Garen verschwindet. Die Mindestgarzeit für Bohnen beträgt 15 Minuten, Bohnensprossen sollten blanchiert werden.

Bohnensalat

Damit sich die Würze der Marinade besser entfaltet, gibt man die abgekochten Bohnen noch warm dazu. Kurz unterheben und ziehen lassen.

Braten I

Die Flüssigkeitszugabe beim Braten sollte immer heiß sein. Gießt man kalt auf, wird das Fleisch hart, und die Garzeit verlängert sich.

Braten II

Wird der Braten kurz vor Ende der Garzeit mit Honig eingepinselt und ohne Deckel fertig gegart, bekommt er eine besonders knusprige Kruste.

Bratkartoffeln

Geschnittene Pellkartoffeln mit etwas Mehl bestäuben und anschließend in heißem Butterschmalz braten. So werden sie besonders knusprig.

Brot I
Ist das Brot sehr frisch, sollte zum Anschneiden ein vorgewärmtes Messer verwendet werden. Das Brot lässt sich so problemlos schneiden und klebt nicht zusammen.

Brot II
Die Anschnittstelle mit einem angefeuchteten Butterbrotpapier abdecken. So bleibt das Brot länger frisch und trocknet nicht aus.

Brühe
Hat man die Brühe überwürzt, kann man durch Zugabe einer grob geriebenen oder zerkleinerten Karotte oder Kartoffel den Schaden schnell beheben. Nochmals aufkochen und mit dem Schaumlöffel die Stückchen wieder abfischen.

Butter
Braucht man schnell streichzarte Butter, legt man das Stück in der Verpackung zwischen zwei im Wasserbad erhitzte Teller. Nach kurzer Zeit ist die Butter streichbar.

C

Camembert
Camembert ist reif und hat den besten Geschmack, wenn er auf leichten Fingerdruck nachgibt.

Cayennepfeffer
Gemahlener Chili ist die Basis dieser Würze. Daher Vorsicht bei der Dosierung. Allerdings lassen sich mit Cayennepfeffer Eierspeisen, Tomaten-Mixgetränke, Suppen und Soßen wunderbar verfeinern.

Champignons I
Champignons sollten nicht mit anderen intensiv duftenden Lebensmitteln aufbewahrt werden. Am besten in ein Leinentuch gewickelt separat im Gemüsefach aufbewahren.

Champignons II

Champignons und andere Pilze werden nur mit einem Bürstchen oder einem Stück Küchenpapier abgerieben. Stärkere Verschmutzungen mit einem feuchten Tuch entfernen.

Chicorée I

Vor dem Verzehr unbedingt den Strunk keilförmig entfernen. Er enthält die meisten Bitterstoffe.

Chicorée II

Chicoréesalat schmeckt besonders gut, wenn er mit einer Prise Zucker und etwas Zitronensaft angemacht wird.

Croûtons

Croûtons sind schnell selbst gemacht. Weißbrot entrinden, in kleine Würfel schneiden und in Butter von allen Seiten kross braten. Über einen Salat gestreut ein wahrer Genuss.

Curry

Currys kann man sich leicht selbst zusammenstellen. Mischen Sie je 1 Msp. gemahlenen Zimt, Ingwer, Koriander, Kardamom, Kurkumawurzel, Muskatnuss, Nelken, Paprika, Pfeffer und Piment. Geben Sie die Mischung erst am Schluss in die fertig gegarte Speise, denn bei zu großer Hitze werden diese Gewürze bitter.

D

Dill

Dill ist ein sehr intensives Gewürz. Er passt zu Eierspeisen, Essigmarinaden, Fischgerichten, Gurkensalat und Kräuterquark. Dill nie mitkochen, er wird dann bitter.

Doseninhalte

Doseninhalte, ob Dosenmilch, Hülsenfrüchte oder Obst, nach dem Öffnen in andere Gefäße füllen und im Kühlschrank aufbewahren.

Dünsten
Dünsten ist die optimale Zubereitungsart für Lebensmittel mit kurzer Garzeit. Ein Dünstsieb in den Topf geben, Gargut auflegen und Wasser oder Brühe zufügen. Im geschlossenen Topf bei mittlerer Temperatur dünsten.

E

Eier I
Eier im Kühlschrank immer mit dem runden stumpfen Ende nach oben lagern. So bleibt das Dotter in der Mitte und wird von allen Seiten mit Eiweiß benetzt.

Eier II
Eier dürfen nicht mit geruchsintensiven Lebensmitteln gelagert werden. Sie nehmen schnell den Geschmack an.

Eier III
Eier dürfen nicht gewaschen werden, da die dünne Haut auf der Schale verletzt wird und Bakterien ins Innere dringen können.

Eier IV
Beim Aufschlagen der Eier jedes einzeln zuvor in eine Tasse gleiten lassen und erst danach zu den Speisen hinzufügen. So verhindert man, dass ein schlechtes Ei in die Speisen gelangt.

Eierstich
Eierstich für Suppen und Brühen gelingt besser, wenn man pro Ei 1 El kalte Milch zufügt.

Einmachen
Eingemachtes wie Obst oder Marmelade behält seine schöne Farbe, wenn es nach dem Verschließen des Glases auf den Kopf/Deckel gestellt und dunkel gelagert wird.

Eintopf I

Eintöpfe, die mit Mehl oder Speisestärke gebunden sind, sollten nicht eingefroren werden. Denn nach dem Auftauen wird die Bindung wieder flüssig, und der Eintopf nimmt eine graue Farbe an.

Eintopf II

Die Kartoffeln für den Eintopf in einem separaten Topf garen. Nach dem Abgießen zerstampfen und zum Eintopf geben. So wird die Suppe schön sämig, und das Gemüse bleibt als Stückchen erhalten.

Eis

Speiseeis lässt sich besser portionieren, wenn Löffel oder Messer vorher immer in warmes Wasser getaucht werden.

Eischnee I

Für Eischnee darf das Eiweiß nicht zu kalt sein. Es wird besonders steif, wenn pro Eiweiß 1 Tl kaltes Wasser, 1 Spritzer Zitronensaft oder 1 Prise Salz hinzugefügt wird.

Eischnee II

Die Schneebesen müssen absolut sauber und fettfrei sein, sonst bekommt der Eischnee keinen Stand.

Eiswürfel I

Eiswürfel werden besonders klar, wenn man kohlensäurearmes oder entkalktes Wasser verwendet.

Eiswürfel II

Friert man Fruchtstücke oder kleine Früchte mit Stiel in die Eiswürfel ein, sieht das hübsch aus und verleiht einem Getränk eine tolle Note.

Eiswürfel III

Eiswürfel einmal aus Fruchtsaft oder Cola mit einem Schuss Zitrone herstellen. Die Getränke werden nicht verwässert, und es schmeckt gut.

Erbsen

Erbsen und andere Hülsenfrüchte, die man mehrfach zum Blindbacken benutzt hat, sollten separat gelagert werden. Denn zum Kochen sind sie nicht mehr geeignet.

Erdbeeren I

Frische Erdbeeren enthalten viel Vitamin C und unzählige Mineralstoffe. Sie sollten schnell verzehrt werden, denn schon nach kurzer Lagerung verfliegen die guten Inhaltsstoffe.

Erdbeeren II

Beim Kauf auf die Frische der Früchte achten. Die Blütenblätter müssen frisch und grün aussehen, die Frucht prall und rot.

Erdbeeren III

Zum Waschen werden Erdbeeren in ein Sieb gegeben und nur mit kaltem Wasser abgespült. Das Sieb anschließend auf einen Teller stellen und mit einem Tuch abgedeckt im Kühlschrank aufbewahren.

Erdbeeren IV

Zum Einfrieren die Erdbeeren nebeneinander auf ein Tablett legen und schockfrosten. Danach in Gefrierdosen oder Gefrierbeutel füllen. So können sie jederzeit in kleinen Portionen entnommen werden.

F

Feldsalat

Wenn Feldsalat schon ein wenig welk aussieht, legt man ihn zuerst 15 Minuten in warmes und weitere 15 Minuten in kaltes Wasser. Danach sieht er wieder frisch und knackig aus.

Fenchel I

Beim Kauf von Fenchel darauf achten, dass die Knolle weiß und fest ist. Das Grün sollte fest und saftig sein. Weist der Fenchel braune Stellen auf, so ist er alt und überlagert.

Fenchel II

Fenchel ist gesund. Alles an ihm lässt sich verwenden. Die äußere Schale wird mit einem Messer dünn geschält, um die harten Fäden im Fruchtfleisch zu entfernen. Das feine Grün lässt sich prima zum Würzen von frischen Blattsalaten und Fischgerichten verwenden. Ob als Rohkost, gedünstet oder gratiniert, Fenchel ist immer ein gesunder Genuss.

Fenchelsamen

Fenchelsamen in einer Pfanne ohne Fett ein wenig rösten. Über frischen Salat gestreut, verleiht er diesem ein tolles Aroma.

Fett I

Fett zum Braten sollte immer zum Bratgut passen:
Butterschmalz ist hoch erhitzbar und eignet sich sehr gut für alle Braten.
Selbst für Kurzgebratenes ist es ideal. Butter darf nicht so hoch erhitzt werden.
Bei milder Hitze gart man in ihr Omeletts und Pfannkuchen.
Kokos- und Palmkernfett sind ideal für die Fritteuse.
Gänse- und Schweineschmalz sind hoch erhitzbar und geben geschmorten Speisen einen besonderen Pfiff.

Fett II

Fett im Fonduetopf kocht nicht über, wenn während des Erhitzens eine rohe Kartoffel darin schwimmt.

Filtertüten

Filtertüten für Kaffeemaschinen müssen am Rand umgeknickt werden. So platzen sie während des Filtervorgangs nicht auf.

Fisch I

Generell soll nur Fisch gekauft werden, der ganz mit Eis bedeckt in der Kühltheke liegt.

Fisch II

Soll ein ganzer Fisch gekauft werden, muss man darauf achten, dass der Fisch klare und glänzende Augen hat, die leicht vorstehen. Auf Daumendruck sollte keine Delle im Fleisch entstehen oder sogar bleiben. Besonders wichtig sind leuchtend rote Kiemen. Sie sind das auffälligste Signal für Frische.

Fisch III
Gefrorene Fische oder Meeresfrüchte langsam im Kühlschrank auftauen lassen. Anschließend unter fließendem, kaltem Wasser säubern.

Fisch IV
Damit Fischfilets oder ganze Fische beim Garen oder Braten nicht zerfallen, sollten sie vorher mit Zitronensaft beträufelt werden.

Fisch V
Fischfilets mit Haut müssen vor dem Braten auf der Hautseite schräg mit einem scharfen Messer mehrmals eingeschnitten werden. So rollen sich die Filets beim Braten nicht auf.

Fisch VI
Ob ein Fisch noch genießbar ist, lässt sich leicht mit dem Wassertest feststellen. Legt man den Fisch in einen Topf mit kaltem Wasser und er geht unter, ist er noch genießbar. Schwimmt er aber oben, sollte er sofort entsorgt werden.

Fischgeruch I
Unangenehmen Fischgeruch beseitigt man, indem man in einem offenen Topf Essigwasser aufkochen lässt.

Fischgeruch II
Wer beim Zubereiten von Fisch gleichzeitig einen Topf mit Zimtwasser auf dem Herd köcheln lässt, hat garantiert keinen Fischgeruch in Haus und Wohnung.

Fleisch I
Fleisch nach dem Einkauf aus der Verpackung nehmen, trockentupfen, auf einen Teller legen und mit Klarsichtfolie abdecken. So hält es sich im Kühlschrank bis zu zwei Tage.

Fleisch II
Fleisch vor dem Braten mit Küchenpapier trockentupfen. Ist es noch feucht, schließen sich die Poren nicht und Fleischsaft läuft aus.

Fleisch III

Die Garprobe beim Fleisch macht man am besten mit dem Finger: Gibt das Fleisch auf Druck ganz stark nach, ist das Fleisch innen noch roh. Federt es auf Druck elastisch zurück, ist es innen rosa. Gibt das Fleisch auf Druck gar nicht nach, ist es ganz und gar durch.

Fleisch IV

Geräuchertes oder gepökeltes Fleisch wird immer in kaltem Wasser aufgesetzt. Um es besonders bekömmlich zu machen, versetzt man dem Kochwasser 1 Prise Zucker.

Fleisch V

Fleisch nie mit einem gezackten Gegenstand klopfen. Das zerstört die Fleischstruktur, und während des Garens würde Fleischsaft austreten. Trockenes Fleisch wäre das Resultat.

Fleischbrühe

Damit die Fleischbrühe eine schöne goldene Farbe bekommt, wird eine ungeschälte halbierte Zwiebel auf der Schnittfläche stark angebraten und zur Brühe gegeben. Während der gesamten Garzeit mitkochen lassen.

Folienkartoffeln

Die gewaschenen Kartoffeln ringsum mit einem scharfen Messer einritzen. Mit Salz und Kräutern einreiben und in Alufolie wickeln. So werden sie besonders aromatisch.

Fonduefleisch

Schon am Vortag das Fleisch würfeln und mit einigen frischen Kräutern gut unter Folie verpackt im Kühlschrank aufbewahren. So bekommt es eine besondere Note.

Forelle I

Ein Zeichen der Frische ist die leichte Krümmung der Forelle, sobald sie im heißen Wasser liegt.

Forelle II

Besonders knusprig wird die Forelle, wenn sie vor dem Braten mit Mehl überpudert wird. Dann bei mittlerer Hitze in Butter braten.

Forelle blau
Um die empfindliche Schleimschicht der Forelle, die beim Kochen blau wird, nicht zu verletzen, muss man sie mit feuchten Händen anfassen. Danach in den Kochsud geben und mit einem Schuss Essig garen.

Frikadellen
Vom fertigen Fleischteig die Portionen mit einem Eiskugelportionierer abstechen. So werden alle Frikadellen gleich groß und auch gleichzeitig gar.

Frittierfett
Das Fett in der Fritteuse muss aufrauschen, wenn das Frittiergut eingelegt wird. Ist es nicht heiß genug, saugt sich das Frittiergut mit Fett voll und wird nicht knusprig.

G

Gänsebraten
Langsames Garen bei niedriger Temperatur ist bei diesem Geflügel wichtig. Man rechnet pro Kilo 1 Stunde Garzeit bei 175 °C. Die Saftpfanne mit grob geschnittenen Gemüsestücken auslegen, kaltes Wasser angießen und die gewürzte Gans mit der Brust nach oben auflegen.

Gänseblümchen
Ein hübsches und frisches Beiwerk sind Gänseblümchen. Über frische Blattsalate gestreut, sind sie ein schöner Blickfang. Aber bitte nicht am Straßenrand pflücken.

Geflügel I
Die Garprobe bei Geflügel macht man mit einer dicken Stopfnadel. An der dicksten Stelle der Keule sticht man mit der Nadel ein. Tritt kein blutiger Fleischsaft aus, ist es gar. Geflügel muss immer gut durchgegart sein. Nur so wird eine Salmonellenvergiftung vermieden.

Geflügel II

Nach der Zubereitung von Geflügel müssen die Arbeitsfläche und alles, was man an Küchenutensilien gebraucht hat, gründlich gesäubert werden. Nur so verhindert man die Ansiedlung von schädlichen Keimen und Salmonellen.

Gelatine I

Gelatine im kalten Wasserbad einweichen, anschließend in einem kleinen Topf auf kleiner Flamme auflösen. Unter die vorbereitete Masse ziehen und im Kühlschrank steif werden lassen.

Gelatine II

Zum Stürzen der Speisen, die mit Gelatine zubereitet wurden, fährt man erst mit einem Messer am Rand entlang, stürzt die Form auf eine Platte und legt für kurze Zeit ein warmes, nasses Handtuch auf die Form.

Gemüse I

Gemüse immer im Gemüsefach des Kühlschranks aufbewahren. Da hält es sich bis zu vier Tage frisch.

Gemüse II

Gemüse am besten bissfest dünsten. Etwas Wasser und Gewürze in den Topf geben, das vorbereitete Gemüse auf ein Dünstsieb geben und im geschlossenen Topf garen.

Gemüse III

Tiefgekühltes Gemüse in einen vorgeheizten Topf geben, etwas Butter dazu und langsam garen. So behält es seine schöne Farbe und bleibt knackig.

Gemüse IV

Gemüse immer erst kurz vor dem Garen putzen. So behält es seine Vitamine und Mineralstoffe.

Gemüse V

Gemüse aus biologischem Anbau immer gründlich in Essig- oder Salzwasser waschen. So werden kleine Bewohner wie Insekten oder Raupen ausgeschwemmt.

Gewürze-ABC

Das A und O der Gewürzlagerung ist, dass sie trocken und dunkel aufbewahrt werden.

Anis – Pimpinella anisum

Anis gibt es als ganzen Samen oder in gemahlener Form. Er wird wegen der Samen gezüchtet. Sein Geschmack ist süß, und Anis wird in Alkoholika wie Pastis, Raki oder Pernod verarbeitet. Er findet Verwendung in Fischsuppen, Weihnachtsgebäck und in orientalischen Speisen.

Anispfeffer/Szechuanpfeffer – Zanthoxylum piperitum

Die getrockneten Beeren eines in China heimischen Baumes haben einen pfefferartigen Geschmack und werden in der chinesischen Küche verwendet.

Cayennepfeffer – Capsicum frutescens

Er wird aus einer roten Chilischote hergestellt, die angeblich aus Cayenne in Französisch-Guayana stammt. Dem handelsüblichen Cayennepulver werden oft noch andere Samen, Salz und Gewürze zugegeben. Er ist sehr scharf und sollte sehr sparsam verwendet werden.

Ingwer – Zingiber officinale

Ingwer ist in Südostasien heimisch. Das Gewürz wird aus dem Wurzelstock gewonnen und in frischer Wurzel-, Pulver- oder eingelegter Form angeboten. Es passt zur Chinaküche, zu Geflügel- oder Fleischgerichten, Fruchtsalaten und Gebäck.

Kapern – Capparis spinosa

Kapern werden in Salzwasser oder in Essig eingelegt. Die Lake muss bis zum Schluss die Kapern bedecken. Verwendung finden sie in säuerlichen Soßen, Fischsalaten, Tatar, Fleischspeisen und Kräuterquark. Die Qualität richtet sich nach der Größe der Kaper. Die pikantesten und teuersten sind die südfranzösischen Nonpareilles. Das sind kleine, feste, runde Kapern.

Kardamom – Elettaria cardamonum

Es gibt diverse Arten dieser aromatischen Schote – grüne, weiße und schwarze –, die eine Anzahl kleiner Samen enthalten. Kardamom ist nach Safran das teuerste Gewürz der Welt. Es verleiht Reisgerichten, Hefe- und Weihnachtsgebäck ein besonderes Aroma und ist in Schoten und in Samenform erhältlich.

Koriander – Coriander sativum

Die Blätter werden als Kraut, die Samen als Gewürz verwendet. Sie sind im Geschmack recht verschieden. Koriander ist ein Hauptbestandteil von Currypasten und -pulvern. Er wird für Lamm- und Schweinefleisch, Eingelegtes, Marinaden und in der griechischen Küche verwendet.

Kümmel – Carum carvi

Beliebt in ganz Europa, wo die Samen zum Backen, zur Käseherstellung, für Kohl- und Eintopfgerichte, Hammelfleisch und Rote Bete Verwendung finden.

Kreuzkümmel – Cuminum cyminum

Er ähnelt den Samen des gemeinen Kümmels, hat aber einen durchdringenden, kräftigeren Geschmack. Er wird in Currys, Fleischgerichten und als Einlegegewürz in Marinaden geschätzt.

Kurkuma – Curcuma longa

Ein hellgelbes Gewürz, das aus den Wurzelstücken eines in Südostasien beheimateten Liliengewächses gewonnen wird. Dieses Gewürz ist nicht teuer und wird in Currymischungen verwendet. Es ist als Pulver oder als getrocknete Wurzel erhältlich.

Lorbeerblätter – Laurus nobilis

Lorbeerblätter werden meist getrocknet angeboten. Intensiver im Aroma sind die frischen Blätter. Im Kübel gepflanzt, wächst er auch in unserem Breitengrad. Er schmeckt hervorragend zu Soßen, Suppen, Braten, Fleisch- und Fischbrühe, Wildgerichten und Reis. Er entfaltet sein Aroma in diversen Marinaden wie z. B. sauren Gurken, Heringen und Sauerbraten. Lorbeerblätter werden mitgekocht und danach entfernt.

Meerrettich – Armoracia rusticana

Die scharf riechende Wurzel der Pflanze wird gerieben oder getrocknet verkauft. Meist dient sie als Grundlage für die typische Meerrettichsoße, die gewöhnlich zu gekochtem Rindfleisch (Tafelspitz) oder zu Roastbeef gereicht wird.

Mohn – Papaver somniferum

Die Samen des Schlafmohns sind grau (bei einigen Arten gelb), enthalten aber kein süchtig machendes Alkaloid. Mohn wird in vielen Backwaren und ganz besonders als Füllung für Kuchen und Kleingebäck, wie die jüdischen Hamentaschen, geschätzt.

Muskatnuss, Muskatblüte – Mazis, Myristica fragrans

Muskatnuss ist der getrocknete Samen der Frucht eines immergrünen, in Südostasien beheimateten Baumes. Der Samen hat eine netzartige Schale (Mazis), die fälschlicherweise mit Muskatblüte bezeichnet wird. In Aroma und Geschmack sehr ähnlich, wird der Samen gerieben für süße Gerichte verwendet, während die Muskatblüte für Eingelegtes und pikante Gerichte verwendet wird. Die Muskatnuss passt hervorragend zu Hackfleisch, Kartoffelpüree, Gemüse, Käsegerichten und Gebäck.

Nelken – Eugenia caryophyllata

Nelken sind harte, getrocknete Blütenknospen, die ein sehr starkes Aroma haben. Sie enthalten ein essenzielles Öl, das im Mundraum Entzündungen lindert. In der Küche eignet es sich zu Braten-, Fisch- und Fleischmarinaden und würzt Rotkohl und Kompott. Es entfaltet sein Aroma in Glühwein oder Weihnachtsgebäck.

Paprika – Capsicum tetragonum

Ein kräftig rotes Gewürzpulver, das aus verschiedenen Sorten von Paprikaschoten hergestellt wird. Bekannt als das Nationalgewürz Ungarns, doch auch in Spanien wird eine Variante hergestellt, die Pimentón heißt. Es wird zur Zubereitung von Gulasch, Soßen, Fleisch- und Hühnergerichten, Cremesuppen und Weichkäse verwendet.

Pfeffer – Piper

Ganze Körner, schwarz und weiß getrocknet. Im Glas wird der grüne Pfeffer in einer Lake angeboten. Er eignet sich für Soßen, in denen die Körner ganz bleiben. Schwarzer und weißer Pfeffer werden in der Pfeffermühle frisch gemahlen über die Speisen gestreut. Er ist würzig und scharf und passt zu allen herzhaften Gerichten.

Safran – Crocus sativus

Safran (eine Krokusart) ist das teuerste Gewürz der Welt. Für ein Pfund Safran müssen 100 000 Blütennaben gepflügt werden. Verwendung in der Küche findet er in der Bouillabaisse und in der Paella. Er verleiht Reisgerichten einen unglaublichen Duft und gibt den Gerichten eine sanfte gelbe Farbe.

Senfkörner – Sinapis alba

Senfkörner eignen sich vorzüglich zur Herstellung von würzigen Marinaden. Aus gemahlenen Senfkörnern und anderen Zutaten wird Senfpaste hergestellt. Mitgekocht verleihen Senfkörner Soßen und Suppen eine feine Schärfe.

Vanille – Vanilla planifolia

Mit den behandelten Fruchtschoten der Vanille werden Konfekt, Pudding, Süßspeisen, Eis und Backwaren aromatisiert. Die Vanilleschote wird aufgeschlitzt und ihr Mark ausgekratzt. Die Schote in ein Glas mit Haushaltszucker füllen. Sie aromatisiert den Zucker.

Wacholderbeeren – Juniperus communis

Der in der nördlichen Hemisphäre beheimatete Wacholder wird zum Würzen von Gin, Wild, Schweinefleisch, Sauerkraut und eingelegten Heringen verwendet.

Zimt – Cinnamomum zeylanicum

Zimt gehört zur Familie der Lorbeergewächse und stammt aus Indien. Verwendet wird seine Rinde, die gemahlen oder in Stangen angeboten wird. Zimt wird nicht nur zum Backen und für Desserts verwendet. Er verleiht mit seinem betörenden Aroma Reis-, Fisch- und Hühnergerichten eine exotische Note.

Gewürze I

Muskatnuss, Nelke, Pfefferkörner, Sternanis und Wacholder nie gemahlen kaufen. Sie haben ihre beste Würzkraft, wenn man sie erst bei Bedarf frisch im Mörser zerkleinert.

Gewürze II

Beim Kochen gibt man alle Gewürze in eine Teefiltertüte und verschließt diese mit Küchengarn. So lassen sich alle Gewürze nach dem Garen problemlos entfernen.

Gewürzöl

Aromatisierte Öle lassen sich leicht selbst herstellen. Dafür nimmt man eine schöne saubere Flasche, legt die gewünschten Gewürze und Aromen ein, füllt mit Oliven- oder Pflanzenöl auf und verschließt die Flasche sorgfältig. Schon nach acht Tagen hat das Öl die Aromen angenommen und verfeinert jede Speise.

Grünkohl

Grünkohl schmeckt besonders würzig, wenn er mit etwas Senf abgeschmeckt wird.

Gulasch I

Gulasch sollte immer aus Rind- und Schweinefleisch gekocht werden. Erst die Kombination der Fleischsorten ergibt den tollen Geschmack.

Gulasch II

Die Fleischstücke nicht zu klein würfeln. Lieber länger und auf kleiner Flamme garen. So wird das Fleisch mürbe, und die Gewürze können sich besser entfalten.

H

Hackfleisch

Hackfleisch sollte immer am gleichen Tag zubereitet werden. Zu schnell können sich bei der Lagerung Keime entwickeln, und das Fleisch wäre verdorben.

Hefe

Frische Hefe sollte kühl und trocken gelagert werden. Ob sie noch Triebkraft hat, testet man, indem man ein kleines Stück Hefe in eine Tasse heißes Wasser gibt. Sinkt sie zu Boden, ist sie alt und sollte entsorgt werden.

Heringe

Heringe vor dem Braten in Essigwasser tauchen. So fallen sie beim Braten nicht auseinander und bleiben in Form.

Himbeeren

Himbeeren nie ins Wasser stellen. Sie werden sofort matschig. Mit einem weichen Bürstchen lassen sich kleine Verschmutzungen leicht entfernen.

Honig I

Honig enthält viele Vitamine, Mineralien und Fruchtzucker. Er ist nicht nur ein wunderbarer Brotaufstrich, er kräftigt bei Erkältungen, wirkt beruhigend bei Nervosität und beschert, in heißer Milch gelöst, einen geruhsamen Schlaf.

Honig II

Bei langer Lagerung können sich im Honig Zuckerkristalle und Trübstoffe bilden. Stellt man ihn für kurze Zeit in heißes Wasser, wird er wieder klar und bekommt seine goldene Farbe zurück.

Hummer

Bisher wurde Hummer immer lebend kopfüber in kochendes Wasser geworfen. Heute wird dem Meeresbewohner erst mit einem Messer ein tödlicher Stich in den Nacken versetzt, und erst dann kommt er in den Topf. Diese Art zu sterben ist für das Tier besser, denn man weiß mittlerweile, dass der Todeskampf im Topf mehrere Minuten dauert.

I

Ingwer

Wenn Ingwer im Angebot ist, sollte man zugreifen. Er lässt sich gut stückweise einfrieren, verliert kein Aroma und lässt sich gefroren sehr gut reiben.

J

Johannisbeeren

Mit einer Gabel an den Rispen entlangfahren. Das ist die schnellste Art, die Beeren von den Stielen zu trennen.

K

Kaffee

Kaffee immer gut verschlossen an einem kühlen, trockenen Ort aufbewahren. Steht er zu warm, wird er bitter.

Kaffee II

Gefiltertes Wasser bringt den höchsten Kaffeegenuss. Wasser durch handelsübliche Kohlefilter laufen lassen, und auf dem Kaffee schwimmt keine schillernde Schicht.

Kaffee III

Reste vom Kaffee nicht weggießen. Lieber in eine Eiswürfelschale oder Tüte füllen und in Milchmixgetränken als zusätzlichen Geschmacksverstärker genießen.

Kaffee IV

Restkaffee in den Kühlschrank stellen und am Nachmittag mit einer Kugel Vanilleeis und Sahne als Eiskaffee genießen.

Kakao I

Kakaopulver muss kalt stehen. Steht es zu warm, gerinnen die in ihm enthaltenen Öle, und es wird bitter.

Kakao II

Gibt man in die Kakaodose einige Löffel Zucker, verklumpt der Kakao nicht und hat gleich eine feine Süße, wenn man ihn über Backwerk oder Cappuccino streut.

Karamell

Karamell kann man schnell selbst herstellen. Kristallzucker ohne Fett in einer heißen Pfanne schmelzen, und wenn der gewünschte Bräunungsgrad erreicht ist, auf ein Stück Backpapier gießen. Erkalten lassen, ein weiteres Stück Papier darüber legen und mit einem Nudelholz darüber rollen.

Karotten I

Karotten als Rohkost benötigen immer etwas Öl. So kann der Körper die Inhaltsstoffe besser verwerten. Auch in frisch gepressten Karottensaft sollte man einen Tropfen Olivenöl geben.

Karotten II

Um die leuchtend orange Farbe zu erhalten, gibt man 1 Msp. Natron oder 1 Tl Zucker ins Kochwasser.

Karpfen

Lässt sich die Rückenflosse leicht aus dem Fisch ziehen, ist er gar. Diese Garprobe gilt auch für andere Fische.

Kartoffelklöße I

Um Klöße aus gekochten Kartoffeln zu bereiten, sollten die Kartoffeln schon am Vortag gekocht werden. Über Nacht kann sich die Kartoffelstärke absetzen, und die Klöße binden besser.

Kartoffelklöße II

Aus restlichen Kartoffelklößen lassen sich köstlich-knusprige Kartoffelscheiben zubereiten. Die Klöße in Scheiben schneiden und in Butter von beiden Seiten goldbraun braten.

Kartoffeln I

Kartoffeln müssen kühl, trocken und dunkel aufbewahrt werden. Um ein frühzeitiges Keimen zu vermeiden, dürfen sie nicht mit Äpfeln oder Zwiebeln gemeinsam lagern.

Kartoffeln II

Haben Kartoffeln Augen, Keime oder grüne Stellen, müssen diese großzügig entfernt werden. Sie enthalten Solantin, ein Gift, das zu Durchfall und Übelsein führt.

Kartoffeln III

Geschälte Kartoffeln müssen unbedingt im Wasser liegen. Bleiben sie an der Luft, werden sie braun und unansehnlich.

Käse I

Käse am besten immer am Stück kaufen. So bleibt er länger frisch, und mit einem Käsemesser lassen sich problemlos gewünschte Scheiben und Stücke abschneiden.

Käse II

Käse immer in Pergamentpapier oder in ein Baumwolltuch eingewickelt und luftdicht verpackt im Gemüsefach des Kühlschranks aufbewahren. Dort herrscht für ihn die beste Temperatur.

Käsekuchen

Käsekuchen nach dem Backen 30 Minuten im ausgeschalteten Backofen stehen lassen. So fällt er später nicht so sehr zusammen.

Kekse

Hart gewordene Kekse werden wieder weich, wenn man in die Keksdose einige frische Brotscheiben legt, die Feuchtigkeit abgeben.

Kerbel

Kerbel ist ein tolles Küchenkraut. Sein anisähnlicher Geschmack passt zu Kartoffel- und Gemüsegerichten, verfeinert Fisch und Tomatensuppe. Er hat allerdings einen Hacken: Seine Wurzel ist giftig und sollte nicht verzehrt werden.

Kirschen

Kirschen für den Kirschkuchen müssen vorher entsteint werden. Es macht keinen Spaß und ist nicht appetitlich, nach jedem Bissen die Kerne auszuspucken und auf dem Tellerrand zu platzieren.

Kirschkuchen mit Marzipan

Zwischen zwei Bogen Klarsichtfolie 150 g Marzipan kreisrund ausrollen, auf den Tortenboden legen und die Kirschen darüber legen. Marzipan verhindert das Durchweichen und verleiht zusätzlich ein köstliches Aroma.

Knethaken

Teig bleibt nicht an den Knethaken des Handrührgerätes kleben, wenn sie vorher mit etwas Öl eingerieben worden sind.

Knoblauch I

Knoblauch nie zu stark braten, da er bitter wird. Lieber erst später der Speise zufügen.

Knoblauch II

Knoblauch sollte in einem offenporigen Tongefäß an einem kühlen Ort gelagert werden.

Knoblauch III

Im Sommer frischen Knoblauch schälen, in ein sauberes Schraubglas füllen, mit Olivenöl aufgießen und im Kühlschrank lagern. So hat man immer einen Vorrat an frischem Knoblauch, und das Öl schmeckt toll auf geröstetem Brot.

Kohl

Um Kohlgeruch aus Küche und Haus zu vertreiben, mischt man 1 Tl Zucker mit einem ½ Tl Zimt, gibt es in einen kleinen Topf und erwärmt ihn auf kleinster Flamme. Der feine Duft von Zucker und Zimt überdeckt in kurzer Zeit die schlechten Gerüche.

Kokosnuss

Beim Kauf die Kokosnuss kräftig rütteln. Hört man im Innern Flüssigkeit hin und her schwappen, sind Kokosnuss und Fruchtfleisch frisch.

Konserven

Es ist hygienischer, Konserven vor dem Öffnen immer mit Wasser und einem Tuch zu säubern. Meist sind Konserven verstaubt oder haben schon einige Zeit im Lebensmittel- oder Kellerregal verbracht. Nicht verbrauchte Lebensmittel aus Konserven sollten zur Aufbewahrung im Kühlschrank unbedingt umgefüllt werden.

Kräuteressig
Aromatische Kräuteressige kann man leicht selbst herstellen. Dazu frische, saubere Kräuter in eine gereinigte Flasche füllen, mit einem Essig nach Wahl auffüllen und einige Tage in der Sonne auf der Fensterbank stehen lassen.

Kräutersträußchen
Frische Kräuter zu kleinen Sträußen binden und im Keller kopfüber aufgehängt drei Tage trocknen lassen. Anschließend die Sträußchen über Zeitungspapier zerbröseln und in gut schließende Dosen füllen. So hat man einen Kräutervorrat für den Winter.

Kresse
Kressekistchen immer im Kühlschrank aufbewahren und gut feucht halten. So halten sie sich bis zu drei Tage frisch.

Kuchen
Ist der Kuchen zu braun geworden, mit einer Reibe die braunen Stellen weghobeln und den ganzen Kuchen mit Schokoladen- oder Zuckerglasur versehen.

Kümmel
Kümmel vor der Speisezugabe im Mörser mit 1 Prise Salz zerkleinern. So entfaltet sich sein volles Aroma.

Kürbis
Der Hokkaido-Kürbis kann mit der Schale verarbeitet werden. So entfällt lästiges Schälen.

L

Lauch
Lauch immer der Länge nach aufschneiden und unter fließendem Wasser waschen. So entfernt man mühelos allen Sand, der in den einzelnen Lauchschichten steckt.

Leber
Frische Leber niemals vor dem Braten salzen. Sie würde beim Braten hart und trocken werden.

Linsen
Linsen müssen nicht über Nacht in kaltem Wasser eingeweicht werden, sondern werden auch ohne diese Prozedur beim Kochen in 30 Minuten weich. Allerdings darf man sie erst danach salzen.

M

Maiskolben
Fügt man dem Kochwasser einige Spritzer Zitronensaft zu, behält der Mais beim Kochen seine leuchtende Farbe.

Mandeln
Die Häutchen der Mandelkerne entfernt man ganz leicht, indem man die Mandelkerne kurz aufkocht, kalt abschreckt und zwischen einem Küchenhandtuch kräftig rubbelt.

Marinieren
Ganz einfach gelingt das Marinieren von Fleisch und Gemüse im Gefrierbeutel. Alle Zutaten für die Marinade in einer Schüssel verrühren. Das Mariniergut in den Beutel geben, die Marinade dazugießen und den Beutel mit einem Gummiring fest verschließen. Nun hin und wieder den Beutel wenden, damit die Marinade sich gleichmäßig verteilt.

Mayonnaise
Wer Mayonnaise selbst herstellen will, muss darauf achten, dass alle Zutaten die gleiche Temperatur haben.

Meerrettich I
Meerrettich muss nach dem Reiben oder Schneiden mit etwas Zitronensaft beträufelt werden. So behält er seine weiße Farbe.

Meerrettich II
Meerrettich vor dem Schälen für einige Zeit in lauwarme Milch einlegen. So verliert er etwas von seiner Schärfe.

Meerrettich III
Frischen Meerrettich darf man nicht mitkochen. Erst beim Abschmecken der Speise wird er hinzugegeben. Kocht er mit, verflüchtigen sich seine ätherischen Inhaltsstoffe.

Melonen I
Oft schmecken Melonen flach und fad. Einige Spritzer Zitronensaft verleihen einer noch so langweilig schmeckenden Frucht ein tolles Aroma.

Melonen II
Eine reife Melone erkennt man an ihrem intensiven Duft, und sie gibt auf leichten Druck am Blütenansatz nach.

Milch I
Wenn beim Kochen die Milch am Topfboden braun angesetzt hat, füllt man sie in einen neuen Topf, gibt 1 Prise Vanillezucker und lässt sie nochmals aufkochen.

Milch II
Den Topfrand mit Butter einreiben, so kocht Milch nicht über.

Milchreis I
Frischhaltefolie nach dem Kochen über den noch heißen Milchreis spannen, so bildet sich auf der Oberfläche keine unansehnliche Haut.

Milchreis II
Schlichten Milchreis mal mit Ingwer, Kardamom oder Zitronenschale würzen. Diese exotische Note kann begeistern.

Mohnkuchen
Besonders locker wird Mohnkuchen durch die Zugabe von Apfelmus. Schon 2 El voll genügen und verleihen ihm zusätzlich eine fruchtige Note.

Mohnsamen I

Mohnsamen ist sehr fetthaltig. Er wird deshalb sehr schnell ranzig und sollte darum im Kühlschrank gelagert und immer erst kurz vor dem Verbrauch gemahlen werden.

Mohnsamen II

Den Mohnsamen in einer Pfanne ohne Fett anrösten und abgekühlt im Mörser zerstoßen. So behandelt, bekommt er ein nussiges Aroma.

Möhren I

Möhren immer mit etwas Fett garen. Nur so kann der Körper das wichtige Provitamin A aufnehmen.

Möhren II

Zum Einlagern unbedingt das Grün abschneiden. Es entzieht den Möhren Feuchtigkeit, und sie werden schrumpelig und vertrocknen.

Möhren III

Etwas Zucker und ein Bund gehackte Petersilie zu den gekochten Möhren geben. Dadurch wird ihr Geschmack besonders intensiv.

Morcheln

Morcheln sind sehr sandhaltig. Darum die Morcheln in eine verschließbare Schüssel füllen, mit Wasser aufgießen, den Deckel auflegen und kräftig schütteln. Den Vorgang bis zu viermal wiederholen.

Muscheln I

Frische Muscheln müssen geschlossen sein. Muscheln, die sich auf Druck nicht wieder schließen, sind mit Sicherheit verdorben und dürfen nicht mitgekocht werden.

Muscheln II

Muscheln, die sich während des Kochens nicht öffnen, sind ebenfalls verdorben und gehören sofort in den Müll.

Muskatnuss I
Muskatnuss nur frisch gerieben an die nicht mehr kochenden Speisen geben. Wird Muskatnuss mitgekocht, schmeckt sie bitter.

Muskatnuss II
Dunkel und luftdicht verpackt, halten sich Muskatnüsse jahrelang frisch.

N

Napfkuchen
Zum Stürzen legt man ein feuchtes Handtuch um die Form. Sie erkaltet schneller, und der Kuchen löst sich besser aus der Form.

Natron
Etwas Natron ins Kochwasser, und Hülsenfrüchte werden schneller gar.

Nudeln I
Gekochte Nudeln niemals mit kaltem Wasser abschrecken. Dadurch verlieren sie ihre Stärkeschicht und können keine Soße mehr aufnehmen.

Nudeln II
In Gemüse- oder Fleischbrühe gegart, bekommen Nudeln eine pfiffige Note.

Nudeln III
Frisch hergestellte Nudeln maximal zwei Tage aufbewahren. Trockenware hält sich dagegen bis zu einem Jahr.

Nudeln IV
Nudeln müssen im Kochwasser schwimmen. Darum einen großen Topf und reichlich Wasser nehmen.

Nudelteig I
Frischer Nudelteig muss vor der Weiterverarbeitung eine gute Stunde ruhen. Dann lässt er sich besser ausrollen und klebt nicht.

Nudelteig II
Etwas Spinat- oder Rote-Bete-Saft geben frischem Nudelteig eine tolle Farbe.

Nüsse I
Um die feinen Nusshäutchen leichter zu entfernen, die Nüsse auf einem Backblech ausbreiten und im Backofen 10 Minuten bei 200 °C erhitzen. Anschließend auf ein Küchenhandtuch geben, einwickeln und aneinander reiben.

Nüsse II
Alle Nusssorten enthalten viel Fett. Darum im Kühlschrank aufbewahren, dort werden sie nicht ranzig.

O

Obst
Frisches Obst nach Sorten getrennt aufbewahren. Viele Sorten strömen Gase aus, die anderes Obst schneller reifen lassen.

Obstkuchen I
Tortenböden von Obstkuchen werden nicht matschig, wenn man vor dem Belegen den Boden mit geschmolzener Kuvertüre bestreicht.

Obstkuchen II
Den Tortenboden mit einer Schicht Vanillepudding bestreichen. Das bringt den Fruchtgeschmack zur Geltung.

Öl
Öl sollte immer kühl und dunkel gelagert werden. Ein kühler Keller ist der ideale Ort. Dort für den täglichen Gebrauch eine kleine Menge in ein Gefäß abfüllen.

Olivenöl
Von besonderer Qualität ist Olivenöl »extra vergine«. Es lässt auf eine kalte Pressung schließen.

Omeletts

Die Eier für Omeletts mit etwas Mineralwasser anrühren. Dadurch werden die Omeletts besonders luftig.

Orangen I

Orangenfilets werden mit einem scharfen Messer aus ihren Trennhäuten geschnitten. So erhält man das pure Fruchtfleisch.

Orangen II

Orangen geben mehr Saft, wenn sie vor dem Pressen mit der flachen Hand auf der Arbeitsfläche hin und her gerollt werden.

Orangen III

Orangenschale lässt sich besser schälen, wenn man die Orangen kurz in heißes Wasser legt.

Oregano

Getrockneten Oregano immer erst zwischen den Händen zerreiben und dann über die Speisen streuen. So kommt sein würziges Aroma zur Geltung.

P

Panieren

Beim Panieren sämtliche Gewürze mit dem Ei vermischen. So wird alles gleichmäßig gewürzt.

Paprika

Paprikaschoten vor dem Verarbeiten immer mit einem Sparschäler schälen. Das macht sie bekömmlicher, denn die Schale ist unverdaulich.

Paprikapulver

Paprikapulver erst nach dem Anbraten in den Topf geben. Wird es zu stark erhitzt, wird es bitter.

Paranüsse

Paranüsse für kurze Zeit in den Gefrierschrank legen. So lässt sich beim Knacken der Nüsse die ganze Frucht aus der Schale lösen.

Pellkartoffeln I

Für Pellkartoffeln nur Kartoffeln gleicher Gewichtsklasse aussuchen. So werden alle zur gleichen Zeit gar.

Pellkartoffeln II

Absolut gleichmäßig werden die Kartoffelscheiben, wenn sie mit dem Eierschneider geschnitten werden.

Pfannkuchen

Reste von Pfannkuchen aufrollen und in feine Streifen schneiden. In Brühe und Bouillon sind sie eine schmackhafte Einlage.

Pfirsiche, überlagert

Schrumpelige Pfirsiche 1 Stunde in kaltes Wasser legen. Danach sind sie wieder rund und ansehnlich. Nach der Behandlung schnell verarbeiten.

Pflaumenkuchen

Vor dem Backen den Backofenboden mit Backpapier auslegen. Austretender Saft tropft auf das Papier, und der Backofen bleibt sauber.

Pilze

Geputzte Pilze mit dem Eierschneider schneiden. So erhält man gleichmäßige Scheiben.

Pilze lagern

Frische Pilze in ein Küchenpapier wickeln und im Gemüsefach im Kühlschrank aufbewahren. So bleiben sie bis zu vier Tage frisch.

Pökelfleisch

Pökelfleisch schmeckt milder, wenn man es 2 Stunden in einer Mischung aus halb Milch und halb Wasser einlegt.

Porreegemüse
Porreegemüse mit frisch geriebener Muskatnuss würzen. Muskatnuss intensiviert den Porreegeschmack.

Pralinen
Pralinen und Kekse mit Schokoladenüberzug kühl, aber nicht im Kühlschrank aufbewahren. Zu kalt gelagert, bekommt Schokolade einen grauen Film und sieht unappetitlich aus.

Preiselbeeren
Preiselbeeren schmecken weniger streng, wenn man sie mit etwas Himbeersaft parfümiert.

Pudding
Pudding bekommt keine Haut, wenn man ihn gleich nach dem Kochen mit Zucker bestreut.

Puderzucker
Klumpigen Puderzucker mit einem Teelöffel durch ein feines Haarsieb streichen – so wird Puderzucker wieder fein.

Punsch
Punsch niemals aufkochen lassen, sondern nur erhitzen. Kocht er, verflüchtigt sich der Alkohol.

Q

Quark
Quarkpackungen im Kühlschrank auf das Etikett legen. So bleibt der Quark länger frisch.

Quark-Öl-Teig
Für Quark-Öl-Teig muss der Quark trocken sein.
Einfach ein Küchensieb mit Küchenpapier auslegen, den Quark einfüllen und 1 Stunde abtropfen lassen.

Quitten I
Quitten haben einen starken Geruch. Darum nie mit anderen Lebensmitteln lagern. Sie würden den Quittengeruch annehmen.

Quitten II
Quitten schmecken köstlich als Kompott oder Gelee. Auch als Likör oder als kandiertes Konfekt sind sie wahre Gaumenschmeichler.

R

Radieschen
Radieschen nach dem Kauf von den Blättern trennen. Sie entziehen den Radieschen die Feuchtigkeit.

Reibekuchen
Reibekuchen werden besonders knusprig, gibt man eine Hand voll Haferflocken in den Kartoffelteig.

Reis
Reisreste nicht wegwerfen. Sie können eine tolle Suppeneinlage sein oder schmecken auch gebraten.

Rettich
Frischen Rettich nach dem Kauf mit den Blättern in ein Wasserglas stellen. So hält er sich im Kühlschrank bis zu eine Woche frisch.

Rhabarber

Alles, was an Rhabarber grün ist, enthält Oxalsäure und ist giftig. Darum keine Rhabarberblätter verwenden.

Rinderbouillon

1 Msp. gemahlenen Safran in die Rinderbouillon und sie bekommt eine wundervoll goldene Farbe.

Rinderbraten

Rinderbraten mit Senf einreiben, mit einigen Lorbeerblättern belegen und in Klarsichtfolie wickeln. Über Nacht marinieren. Zum Braten die Folie und die Lorbeerblätter entfernen. So zubereitet wird der Braten zart, und die Soße bekommt eine köstliche Note.

Rinderschmorbraten

Gart man eine Scheibe Vollkornbrot mit, muss die Soße nicht mehr angedickt werden, und sie wird besonders würzig.

Rindfleisch I

Ist Rindfleisch beim Kauf noch hellrot, ist es nicht lange genug abgehangen. Das Fleisch sollte von dunkelroter Farbe sein und sich trocken anfühlen, sonst bleibt es beim Braten zäh.

Rindfleisch II

Rindfleisch kann bis zu drei Tage im Kühlschrank gelagert werden. Aus der Verpackung nehmen, auf einen Teller legen, mit etwas Öl bestreichen und mit Klarsichtfolie abdecken.

Risotto

Ein Risotto immer im offenen Topf und unter ständigem Rühren ca. 30 Minuten kochen. Von der heißen Brühe immer nur so viel dazugeben, dass der Reis gerade bedeckt ist. Wenn der Reis schön sämig ist, wird er mit Butter und geriebenem Parmesankäse verfeinert. Sofort servieren.

Römertopf

Kochtöpfe aus Ton sollten nur mit heißem Wasser gereinigt werden. Ein Spülmittel oder die Reinigung in der Spülmaschine versiegelt ihre Poren, und die Töpfe gehen kaputt.

Rosenkohl

Rosenkohlröschen am Strunk kreuzförmig einschneiden. So werden sie gleichmäßig gar.

Rosinen

In Rum, Amaretto oder Kirschlikör eingeweichte Rosinen sind aromatischer. Nach dem Einweichen abtropfen lassen, in Mehl wälzen und zum Kuchen geben.

Rösten

Nüsse, Mandeln und Sonnenblumenkerne werden immer ohne Fett in der Pfanne geröstet. Unter ständigem Rühren bekommen sie eine schöne Farbe. Ausgekühlt können sie gehackt werden.

Rote Bete I

Rote Bete nur waschen und weder den Fruchtansatz noch die Wurzel abschneiden. Das Gemüse würde beim Kochen ausbluten und sein erdiges Aroma verlieren.

Rote Bete II

Rohe gewaschene Rote Bete in Alufolie wickeln und 1 Stunde bei 180 °C im Backofen wie eine Folienkartoffel garen. Aufbrechen und mit einem frischen Dillrahm servieren.

Rote Bete III

Ein kleiner Schuss Essig im Kochwasser genügt, und die Hände werden beim Schälen nicht mehr rot.

Rotkohl
Nelken und Wacholderbeeren in einen Teefilter geben und mit dem Rotkohl kochen. So kann man die Gewürze nach dem Kochen leichter entfernen.

S

Sahne
Die Rührschüssel vorher in den Kühlschrank stellen. Ist sie eisgekühlt, wird die Sahne besser steif.

Saure Sahne
Saure Sahne kann man aus Milch und einigen Tropfen Zitronensaft schnell selbst herstellen.

Schinken
Roher Schinken am Stück sollte hängend in einem Leinenbeutel bei ca. 10 °C aufbewahrt werden. Das Stück immer wieder auf Schimmel kontrollieren.

Schwarzwurzeln
Schwarzwurzeln müssen nach dem Schälen sofort in Essigwasser gelegt werden. Bleiben sie an der Luft, oxidieren sie und werden unansehnlich.

Sellerie
Die Blätter vom Knollensellerie sind äußerst aromatisch. Klein geschnitten und im Gefrierschrank aufbewahrt, sind sie ein tolles Gewürz für Suppen und Eintöpfe.

Soßen
Damit sich auf Soßen keine unansehnliche Haut bildet, gibt man einige eiskalte Butterflöckchen darauf.

Spargel I

Tiefgekühlten Spargel niemals auftauen lassen. Er muss gleich ins heiße Wasser, sonst wird er matschig.

Spargel II

Spargel vor dem Schälen einige Zeit in kaltes Wasser legen. Dadurch wird er fester und lässt sich besser schälen.

Speck

Speck vor dem Schneiden 10 Minuten in den Gefrierschrank legen. So lässt er sich besser schneiden und würfeln.

Spinat

Frischer Spinat ist oft sehr sandig. Er muss bis zu viermal gewaschen werden. Zum Trocknen in eine Salatschleuder geben.

T

Tee

Tee sollte immer in gut schließenden, dunklen Dosen kühl aufbewahrt werden. Nur so erhält sich sein feines Aroma.

Teekanne

Die Teekanne darf ruhig innen eine Teepatina haben. Das steigert den Teegenuss.

Teig

Rührteig, der mit Backpulver versehen ist, sollte so schnell wie möglich in den Ofen. Bleibt er zu lange stehen, verliert das Backpulver seine Triebkraft, und der Kuchen geht beim Backen nicht hoch.

Toastbrot

Toast aus dem Kühlschrank wird beim Toasten knuspriger als bei Zimmertemperatur gelagertes Toastbrot.

Tomatenmark

Reste von Tomatenmark aus Dosen immer in eine kleine Glasschale umfüllen. Bleiben sie in der Dose, bekommen sie einen bitteren Geschmack.

V

Vanillezucker

Vanillezucker kann man selbst herstellen. Eine aufgeschnittene und ausgekratzte Vanilleschote in ein Glas mit Haushaltszucker geben, fest verschließen und einige Tage ruhen lassen. Das Aroma der Vanille zieht in den Zucker und aromatisiert ihn.

W

Wacholder

Wacholderbeeren müssen vor dem Kochen mit dem Messer leicht gedrückt werden. Nur so entfalten sie ihren typischen Wacholdergeschmack.

Walnüsse

Walnüsse lassen sich gut einfrieren. Die Nüsse knacken und in eine Dose füllen. So lässt sich im gefrorenen Zustand die gewünschte Menge entnehmen.

Wein

Weinreste in eine Eiswürfelschale oder in Eiswürfelbeutel füllen. So lassen sie sich portioniert für die Zubereitung von Soßen verwenden.

Weintrauben
Weintrauben vor dem Verzehr immer gründlich waschen. Oft haftet noch Spritzmittel an ihrer Schale.

Z

Zimt
Lieber Zimtstangen kaufen und selbst im Mörser zerkleinern. Bereits gemahlener Zimt verliert schnell sein Aroma. Beim Kauf auf Qualität achten, die Zimtstangen sollten gerade und röhrenförmig gerollt sein.

Zitronen
Vor dem Auspressen die Früchte mit der flachen Hand auf der Arbeitsfläche hin und her rollen. So geben sie mehr Saft.

Zitronenschale
Auch wenn die Zitronen aus dem Bioanbau sind, muss die Frucht mit einem Spülmittel gewaschen werden, bevor die Schale abgerieben wird. Lediglich warmes Wasser reicht nicht aus.

Zwiebeln I
Beim Kauf auf trockene und keimfreie Zwiebeln achten. Feuchte Zwiebeln werden schnell schimmelig, und Zwiebeln mit Keim sind meist vertrocknet.

Zwiebeln II
Zwiebelduft an den Händen verschwindet, wenn man sie mit etwas Zitronensaft abreibt.

Tipps für Balkon & Terrasse

A

Afrikanische Lilie

Die Afrikanische Lilie kann im Kübel recht kühl überwintern. Sie darf aber keinen Frost bekommen. Es sollte in dieser Zeit wenig gegossen werden, weil sonst Wurzelfäule droht.

B

Balkon- oder Terrassenteich

Selbst auf dem kleinsten Balkon lässt sich eine kleine Wasserstelle installieren. Ein altes halbes Fass, in das man eine Seerose und andere Wasserpflanzen pflanzt, ist ein schöner Blickfang.

Bambus I

Wenn man über einen großen Balkon oder eine Terrasse verfügt, wäre Bambus genau das Richtige. In Kübeln gehalten, können Bambuspflanzen bis zu 6 Meter hoch werden. Sie sind ein wunderbarer Sichtschutz. Allerdings benötigen sie jeden Tag Wasser und alle zwei Wochen Dünger. In einer geschützten Ecke können sie draußen überwintern. Der Kübel sollte dann jedoch mit einer Schutzmatte oder Folie umwickelt werden.

Bambus II

Bitte niemals an den Bambuswurzeln schneiden. Die Pflanze geht sonst ein. Wenn die Pflanze geteilt werden muss, sollte das mit Hilfe von zwei Grabgabeln geschehen. Man stößt die Gabeln Rücken an Rücken in die Mitte der Pflanze und zieht sie so auseinander.

Blätter

Abgestorbene Blätter und Blüten müssen regelmäßig entfernt werden. Sie sind Brutstätten für Krankheiten. Man schneidet oder bricht sie bis zum frischen, grünen Stängel weg.

Blattläuse

Mit der chemischen Keule ist jeder Blattlaus schnell der Garaus gemacht. Mit Rezepten aus Omas Zeiten bekommt man die kleinen Plagegeister aber auch in den Griff: In 5 l kaltes Wasser zerbröselt man 2 Zigarren, fügt 3 El Wermutblätter (Apotheke), 1 El gemahlenen schwarzen Pfeffer und 250 g gemahlene schwarze Seife (Drogerie) hinzu. Diesen Sud lässt man zwei Tage ziehen und seiht ihn anschließend durch ein Tuch ab. Besprüht man damit die befallenen Pflanzen, ist der Läusebefall in wenigen Tagen beseitigt.

C

Clematis (Waldrebe)

Clematis ist eine dicht blühende Kletterpflanze und eignet sich hervorragend zum Begrünen von Sichtschutzspalieren. Sie sollte im Spätherbst bis Mai im Kübel bei mildem Wetter gepflanzt werden. Der Wurzelbereich der Clematis sollte mit niedrig wachsenden Pflanzen besetzt sein, um ihn vor direkter Sonneneinstrahlung zu schützen. Tägliches Gießen und wöchentliche Düngergaben lassen sie prächtig gedeihen.

D

Dränage

In jeden Balkonkasten oder jede Kübelpflanze gehört, bevor die Erde eingefüllt wird, eine Dränage. So kann überschüssiges Wasser besser ablaufen. Leichte Styroporkügelchen sind für diesen Zweck ideal. Sie halten im unteren Bereich die Erde locker und sind für die Pflanzen völlig unschädlich.

Düngen I

Kübelpflanzen und Balkonkästen werden wegen ihrer geringen Erdmenge von den Pflanzen besonders schnell ausgelaugt. Hier sollte man an häufiges Düngen denken, und mit Hornspänen oder anderen biologischen Düngemitteln kann dem entgegengewirkt werden. Alle 4–6 Wochen etwas Biodünger unter die Erde arbeiten, und die Pflanzen sind ausreichend versorgt.

Düngen II

Gießwasser, in dem Dünger aufgelöst wurde, darf nicht mit Blättern oder Blüten in Berührung kommen. Dünger wirkt dort sehr aggressiv. Braune Flecken wären die Folge.

E

Einheimische Pflanzen und Exoten

Einheimische Pflanzen und Exoten sollten nie am gleichen Platz zusammenstehen. Sie benötigen nämlich ganz unterschiedliche Standorte und Pflege.

Engelstrompeten

Engelstrompeten werden entweder vor dem Einräumen im Herbst oder im zeitigen Frühjahr zurückgeschnitten. Der Rückschnitt sollte sich auf die blühfähigen Triebe beschränken und nicht bis ins alte Holz gehen. In jedem Fall sollten alte Äste oder schwächlicher Winterwuchs entfernt werden.

Erde auflockern

Die Erde der Kübelpflanzen regelmäßig auflockern. Denn bei verdichteter Erde versickert das Gießwasser nicht gleichmäßig und bildet Pfützen auf der Pflanze. So entstehen hässliche Kalkränder.

F

Farne

Farne in Kübeln können leicht auf dem Balkon überwintern. Die Kübel müssen trocken stehen und mit Fichtenzweigen abgedeckt werden.

G

Geranien

Geranien überwintern bei 5–8 °C mit Erde im Blumenkasten. Sie sollten im Halbdunkeln stehen. Die Pflanzen dürfen nicht austrocknen, deshalb ist gelegentliches Gießen unumgänglich. Im Frühjahr werden die inzwischen leicht holzigen Pflanzen stark zurückgeschnitten.

Gewürze

Gewürze im Balkonkasten zieht man am besten aus einem vorgefertigten Saatband, das man im Gartengeschäft erhält. Darin sind mehrere Sorten im richtigen Abstand eingelassen, so dass man sich um die richtige Pflege kaum noch kümmern muss. Regelmäßiges Gießen mit handwarmem Wasser unterstützt den Wuchs.

Gießwasser I

Balkon- und Kübelpflanzen sollten nicht auf Untersetzern stehen, die Gieß- oder Regenwasser nicht ablaufen lassen. Ständig »nasse Füße« begünstigen Wurzelfäule, und die Pflanzen werden krank.

Gießwasser II

Gießwasser sollte nie zu kalt sein. Pflanzen lieben abgestandenes, handwarmes Wasser.

Glyzinien

Die im Kübel am Rankgitter rasch wachsenden Glyzinien bringt man schneller zur Blüte, wenn man regelmäßig die langen Seitentriebe entfernt.

Gurken

Auch auf kleinen Balkonen kann man Gurken ziehen. Der Fachhandel bietet Ranksorten an, die an einem schmalen Spalier gezogen werden. Sie nehmen kaum Platz weg, und man hat den ganzen Sommer über frische Gurken.

H

Hagelschäden

Hagelschäden an üppig wachsenden Balkonpflanzen halten sich in Grenzen, wenn man einige zurechtgeschnittene Plastikfolien zur Hand hat. Breitet man die Folie über den Pflanzen aus, wirken sie wie eine schützende Wand. Die Hagelkörner prallen von der Folie ab und können so keinen Schaden anrichten.

Hartes Wasser

Hartes, also kalkreiches Wasser lässt sich ganz einfach enthärten. Ein Müllsäckchen mit zwei Händen voll Torf gefüllt wird in die gefüllte Gießkanne gehängt. Über Nacht wird das Wasser weich und eignet sich nun hervorragend zum Gießen.

Hibiskus

Die meisten Zimmerarten vom Hibiskus lassen sich auch auf einem geschützten Balkon in Kübeln halten. Schon nach dem ersten Blütenansatz darf der Topf aber nicht mehr bewegt werden, da die Pflanze sonst ihre Blüten vor dem Öffnen abwirft.

Holzkübel

Holzkübel und Balkonkästen aus Holz haben gegenüber anderen Pflanzgefäßen den Vorteil, dass sie sich bei starker Sonneneinstrahlung nur wenig erwärmen. So verdunstet weniger Gießwasser.

I

Imprägnierung für Holzkübel

Pflanzgefäße aus Holz müssen auf der Innen- und Außenseite mit einem biologischen Imprägniermittel geschützt werden. Ohne diesen Schutz verrotten sie sehr schnell. Beim Kauf eines Imprägniermittels auf den blauen »Umweltengel« achten. Diese Produkte sind auf ihre Ungiftigkeit/Umweltverträglichkeit geprüft.

J

Jauche

Jauche kann als Lockmittel eingesetzt werden. Möchte man ein Mauerwerk begrünen, streicht man es mit Jauche ein. Schon nach kurzer Zeit bilden sich Moose und Flechten. Das kann ein sehr dekorativer Blickfang sein.

K

Katzenminze

Katzenminze ist ein ausdauernder Blaublüher und eignet sich als Terrasseneinfassung. Sie blüht unermüdlich vom Mai bis in den August hinein. Wird sie dann energisch zurückgeschnitten, bildet sie neue Blüten, die bis in den späten Herbst hinein einen leuchtenden Blütenteppich bilden.

Kübelpflanzen I

Der Balkon ist ein hervorragender Standort für Kübelpflanzen. Aber bitte daran denken, jede Kübelpflanze benötigt im Winter einen frostfreien Standort. Beim Kauf also an die Überwinterung denken.

Kübelpflanzen II

Kübelpflanzen brauchen nicht jedes Jahr umgetopft zu werden. Es genügt, wenn die oberste Erdschicht abgetragen und durch frische Erde ersetzt wird.

Küchenschelle

Die Küchenschelle ist die ideale Pflanze, um dem Balkon auch im Winter Farbe zu geben. Die Pflanzerde sollte kalkhaltig sein. Es gibt Blüten in Blau, Weiß, Rot und Purpurrot. Achtung! Sie gehört zu den streng geschützten Pflanzen. Kaufen Sie Ihre Pflanzen nur im autorisierten Fachhandel.

Kräuter

Nahezu alle Kräuter und Gewürze kann man in Kübeln oder Balkonkästen ziehen. Um von Juli bis September stets frische Kräuter zu haben, muss in Balkonkästen alle vierzehn Tage nachgesät werden.

L

Lorbeer

Hier handelt es sich um den echten Lorbeer. Er ist im Mittelmeerraum beheimatet und lässt sich im Kübel an einer sonnigen Stelle auf Balkon oder Terrasse gut halten. Er ist nicht nur optisch eine Bereicherung, sondern er ist auch ein hervorragendes Würzmittel. In Fleischgerichten, Eintöpfen oder Suppen sollte seine Würze nicht fehlen. Lorbeer ist ein fester Bestandteil des Bouquet garni.

M

Majoran

Obwohl der Name Majoran zahlreiche Pflanzen einschließlich wildem Majoran (Oregano) und Topfmajoran (Origanum onites) bezeichnet, ist normalerweise der gezüchtete Majoran damit gemeint. In Kübeln oder tiefen Balkonkästen, die regelmäßig gegossen werden müssen, wächst er das ganze Jahr. Er kann frisch oder getrocknet verwendet werden und passt zur mediterranen Küche. Er verleiht Omeletts, Füllungen, Würsten, Suppen, Eintöpfen und vielem mehr ein unglaubliches Aroma.

Möbelroller

Mit stabilen Möbelrollern (Baumarkt) lassen sich im Herbst Kübelpflanzen problemlos bewegen. Unter den jeweiligen Kübel geschoben, ist der Transport in das geschützte Winterquartier ein Leichtes.

Mutterboden

Blumenerde kann nach dem Gießen ein Vielfaches ihres Gewichtes annehmen und somit für ein Gewichtsproblem auf Ihrem Balkon sorgen. Umgerechnet wiegt ein Quadratmeter Mutterboden, 20 cm stark, je nach Gießwassermenge 250–400 kg. Bei vielen Kübeln auf dem Balkon kann sich das störend auf die Statik des Balkons auswirken (siehe Torfkultursubstrat).

N

Nieswurz

Nieswurz lässt sich gerne auf halbschattigen Balkonen oder Terrassen pflanzen. Mit seinen weiß über rosa bis hin zu tiefpurpurrot gefärbten Blüten setzt er hübsche Akzente.

O

Oleander I

Oleander lässt sich ganz einfach vermehren. Man steckt einen abgeschnittenen Zweig in eine mit Wasser gefüllte Flasche und verschließt den Flaschenhals mit Watte. Schon nach kurzer Zeit beginnt der Zweig zu wurzeln und kann in Erde gesetzt werden.

Oleander II

Oleander muss jeden Tag mit handwarmem Wasser gegossen und einmal in der Woche mit flüssigem Dünger versorgt werden. Die Erde um den Stamm sollte man regelmäßig auflockern. Achtung! Oleander ist in Gehölz, Blatt und Blüte giftig und sollte vor Kindern geschützt stehen.

P

Pflanzkübel

In Gartenzentren und Baumärkten werden Pflanzkübel aus Kunststoff angeboten, die in ihrer optischen Aufmachung von Terrakotta- oder anderen Steinkübeln nicht zu unterscheiden sind. Ein großer Vorteil ist ihr geringes Gewicht, der einen Transport in das Winterquartier um vieles leichter macht.

R

Rosen

Rosenliebhaber brauchen auf die Königin der Blumen auch auf dem Balkon nicht zu verzichten. Kleinwüchsige Sorten in allen Farben und Formen lassen sich problemlos in Balkonkästen halten. Man sollte dann allerdings größere Kästen benutzen, denn das Gehölz der Rose hat ein groß ausgreifendes Wurzelwerk.

Rosenpflanzzeit

Rosen, die in Balkonkästen gepflanzt werden, sollten erst im späten Frühjahr, wenn keine Nachtfröste mehr zu befürchten sind, auf den Balkon kommen. Denn wegen ihrer großen Außenfläche bieten Balkonkästen dem Frost eine größere Angriffsfläche als Pflanzen, die im Freiland stehen.

Rosmarin

In Kästen oder Kübeln lässt sich an sehr warmen und sonnigen Stellen auf dem Balkon und der Terrasse der Rosmarin züchten. Der Boden sollte nicht zu satt sein. Unter die Pflanzerde darum etwas Sand mischen. Fleisch-, Huhn- und Fischgerichte bekommen durch Rosmarin ein Mittelmeeraroma.

Ruhezeit für Pflanzen

Für alle Balkon- und Kübelpflanzen gilt folgende Winterregel: Je kühler der Standort ist, umso heller muss er sein und desto weniger muss gegossen werden.

S

Schädlinge

Zimmerpflanzen, die im Sommer auf dem Balkon oder der Terrasse stehen, müssen immer wieder sorgfältig auf Raupen- oder Schneckenbefall untersucht werden. Sonst trägt man im Herbst die Schädlinge ins Zimmer.

Schönmalven

Die Schönmalve ist eigentlich eine Zimmerpflanze. Im Kübel und an einem vollsonnigen Platz fühlt sie sich bis in den Herbst aber auch auf dem Balkon wohl. Der reich blühende Strauch muss im Herbst zurückgeschnitten werden.

Schwarzäugige Susanne

Die Schwarzäugige Susanne eignet sich gut für den Balkonkasten. Hochgebunden ist sie eine schöne Kletterpflanze, die zudem auch noch Sichtschutz bietet. Ohne Stütze wächst sie dekorativ hängend, und ihre leuchtend gelben Blüten erfreuen das Auge bis in den späten Sommer.

Sichtschutz für den Balkon

Natürlicher Sichtschutz für den Balkon sind hübsche Rankgewächse. Mit Feuerbohne, Japanischem Hopfen, rankender Kapuzinerkresse oder Krallenwinde lassen sich Balkone vor unliebsamen Einblicken schützen. Die Samen werden im Frühjahr gleich in die Balkonkästen gesät und mit Blumenkordel oder einer Rankhilfe in die gewünschte Position gebracht.

Staunässe

Um Staunässe in den Pflanzbehältern zu vermeiden, sollten alle Gefäße auf Ton- oder Keramikfüße gestellt werden. Zwei genügend große Holzlatten erfüllen natürlich auch den Zweck.

Stechapfel

Der Stechapfel ist eine äußerst attraktive Kübelpflanze. Allerdings sollte er nur auf Balkon und Terrasse gehalten werden, wenn keine Kinder im Haushalt leben, weil er enorm giftig ist.

T

Terrakottatöpfe

Bei Terrakottatöpfen wird von vielen gerade die Patina geschätzt. Kalkflecken und Ausblühungen von Dünger jedoch sind Gebrauchsspuren, die man nicht so gern sieht. Mit einem harten Schwamm und lauwarmem Essigwasser lassen sie sich leicht entfernen.

Tomaten

Tomaten lassen sich hervorragend auf dem Balkon ziehen. Der Fachhandel bietet schon vorgezogene Pflänzchen an. Ob Kirsch- oder Flaschentomate, für jeden Geschmack ist etwas dabei. Die Jungpflanzen setzt man in größere Kübel und bindet sie an einem Stützstab fest. Tomaten dürfen keine Staunässe haben und benötigen jeden Tag handwarmes Gießwasser.

Ton- und Steinguttöpfe

Ladenneue oder gesäuberte Ton- und Steinguttöpfe lassen sich mit einem Imprägniermittel vor Kalkflecken und Ausblühungen vom Dünger schützen. Das im Handel erhältliche Präparat ist farblos und wird mit einer Malerbürste aufgetragen.

Torfkultursubstrat

Um zu hohe Gewichtsbelastung mit Kübelpflanzen auf Ihrem Balkon zu vermeiden, sollten Sie zu einem Torfkultursubstrat oder einer Mischung aus leichtem, sandigem Mutterboden, Torf und Blähtonkügelchen greifen.

Trockenmauern

Trockenmauern lassen sich ganz einfach begrünen. Mit etwas Erde, die in die Spalten geschoben wird, finden sich bald die ersten Moose und Flechten ein. Für Kleinstlebewesen ein idealer Lebensraum.

V

Vergissmeinnicht

Das blau blühende Kaukasus-Vergissmeinnicht kann schon vor den Eisheiligen in die Balkonkästen gepflanzt werden. Es streckt seine Blüten von April bis Ende Mai in die Luft und ist vollkommen unempfindlich gegen Kälte. Wird es anschließend ins Freiland gesetzt, kommt es jahrelang wieder und begrüßt als eines der Ersten den Frühling.

W

Weidenkörbe

Dicht geflochtene Weidenkörbe bieten sich wegen ihres geringen Gewichtes als ideale Pflanzkübel an. Leider halten sie nicht so lange wie andere Kübel, sehen aber mit ihrer natürlichen Optik besonders hübsch aus.

Wildkräuterkasten

Säen Sie eine Wildkräutermischung in den Balkonkasten. Bienen, Hummeln und Schmetterlinge werden begeistert sein.

X

Papierblume

Die Papierblume hat gefüllte Blütenköpfe in verschiedenen Farben und wird bis zu 60 cm hoch. Sie lässt sich sehr gut mit weißen oder blauen Gänseblümchen kombinieren. Im Kübel blüht sie von Juli bis Oktober.

Y

Yucca-Palmen

Yucca-Palmen oder Drachenbäume kann man im Sommer ohne weiteres auf der Terrasse oder dem Balkon unterbringen. Sie lieben dort einen sonnigen Standort.

Z

Zypressen

Zypressen sind als Kübelpflanze auf Terrassen beliebt. Regelmäßige Blaukorngaben geben ihnen die nötige Nahrung. Sie sollten an einem kühlen Standort bei 0 bis + 5 °C überwintern.